智能车流动态预测理论及方法

杜艳平 著

中国铁道出版社
2009年·北京

内 容 简 介

路网车流动态预测在铁路运输中占有重要的地位，是保障路网车流合理分布和运力资源优化配置的前提，本书在分析了已有车流预测的智能化和自动化方法基础上开发实用的智能决策支持系统，以期改变调度指挥工作的现状。全书主要内容有滚动式智能车流预测方法理论基础研究、滚动式智能车流预测总体结构分析、滚动式智能车流预测方法、排空配空和出发计划方案的确定、基于 Agent 的智能车流预测决策支持系统的分析与设计、智能车流预测评价指标体系及评价方法等。本书适合车流预测研究人员、专业技术人员、高校教师学生等参考。

图书在版编目(CIP)数据

智能车流动态预测理论及方法/杜艳平著. —北京：中国铁道出版社，2009. 6

ISBN 978-7-113-10125-1

Ⅰ. 智… Ⅱ. 杜… Ⅲ. 智能控制－应用－车流预报 Ⅳ. U292. 4

中国版本图书馆 CIP 数据核字（2009）第 088017 号

书　　名：**智能车流动态预测理论及方法**
作　　者：杜艳平

责任编辑：熊安春　杨　哲　　**电话**：010－51873094
封面设计：郑春鹏
责任校对：张玉华
责任印制：陆　宁

出版发行：中国铁道出版社(100054，北京市宣武区右安门西街 8 号)
网　　址：http://www. tdpress. com
印　　刷：三河市华丰印刷厂
版　　次：2009 年 6 月第 1 版　2009 年 6 月第 1 次印刷
开　　本：880mm×1 230mm　1/32　印张：4. 125 字数：132 千
印　　数：1～2 000 册
书　　号：ISBN 978-7-113-10125-1/U・2513
定　　价：16. 00 元

前　言

路网车流动态预测在铁路运输中占有重要的地位，是保障路网车流合理分布和运力资源优化配置的前提。目前基本采用人工推算的方法，具有一定的局限性，不符合铁路高速化发展的趋势。因此，本书针对这一问题，进行了理论和实践上的探索，研究了车流预测的智能化和自动化方法，并以此为基础开发实用的智能决策支持系统，以期改变调度指挥工作的现状。

本书的主要内容包括以下几点：(1)综述了路网车流预测领域目前的研究现状。针对现行车流预测方法中存在的问题，提出了滚动式智能车流预测方法。该方法以 3 h 为间隔对车流进行滚动预测，提高了车流信息的准确性和实时性，克服了由于车流不准确而造成的班计划兑现率低、需分阶段调整的缺陷。(2)考虑到铁路局在我国目前的铁道部—铁路局—车站三级调度机构中担负着铁路生产第一线的组织指挥工作，因此，三级车流预测的重点是铁路局级预测，在该层以 3 h 为间隔滚动推算未来的车流情况。这种推算方式利于实现调度指挥的集中化，可提高调度效率。(3)针对车流预测所要解决的重点问题——排空配空问题和出发计划的编制问题进行了深入分析，建立了相应的排空配空模型和出发计划编制模型，提出了采用传统表上作业法、遗传算法、蚁群算法和 Lingo 软件进行求解的方法和过程。(4)根据上述理论和方法，建立了基于 Agent 的智能车流预测决策支持系统(AIDSS-WF)，并对于铁道部、铁路局和车站车流预测 Agent 的功能进行了分析，最后以编组站为例说明了车流预测 Agent 的实现过程。(5)在车流预测系统中涉及到多个模块的优化问题，为了更好地辅助决策，建立了智能车流预测系统的层次化评价指标体系，并采用多层次模糊综合评判和层次分析相结合的方法对车流预测方案进行了评价。

本书以作者的博士学位论文和博士后研究报告为基础，并根据最新的研究动态进行了适度修改。然而，笔者深知，路网车流预测是一个复杂的问题，本书试图将人工智能的相关理论和方法用于解决这一问题，并在该方面进行了一些探索性的工作。由于作者水平、实践经验和研究时间的限制，有些观点还需进一步发展和完善，不妥之处，欢迎读者提出宝贵意见。

书稿付梓之际，回顾我的学术之路和本书的写作历程，感激盈怀。感谢我的博士导师陈光伟研究员和博士后合作导师李学伟教授，他们不仅教会了我治学的方法，更教会了我做人的态度；感谢铁道部原信息办主任马钧培研究员和铁道科学研究院首席专家刘春煌研究员、黄强研究员所给予的鼓励和指导；感谢北京交通大学贾利民教授给我的无私帮助；感谢太原科技大学的领导和同事为我的科研工作提供的坚实保障。感谢我的丈夫杨建伟博士，是他无私的付出和一贯的支持让我有了不断前进的动力；特别要感谢我的父母，是他们帮我承担了几乎全部的家务，他们的默默支持是我永恒不变的力量源泉。中国铁道出版社熊安春先生和杨哲先生始终关注和支持本书的出版，在此深表谢意。在写作过程中，参阅了大量的国内外著作、论文，在此不一一注明，谨对为本书出版做出贡献的人们致以诚挚的敬意。

最后应当说明的是：本书由国家自然科学基金项目（70571006）和山西省高等学校青年学术带头人项目（200670）资助出版。在此，谨表示衷心的感谢。

杜艳平

2009 年 6 月

目　录

第一章　绪　　论

铁路运输是国民经济的大动脉，肩负着发展国民经济各种物资运输的重任。铁路运输计划是以车流、货流为基础进行安排的，因此，要想保证运输秩序有条不紊地进行，必须事先预测未来车流，掌握未来车流的变化情况，作为编制运输计划和进行车流调整的依据。但是，由于铁路发展的自动化和信息化程度不够，很多部门目前仍然停留在“一台电话一支笔，一把尺子一张图纸”的手工阶段，从而导致车流信息在公开性、完备性和实时性方面存在很多不足，信息具有局限性和滞后性，经常会导致运输不畅通，编组站、分界口堵塞，车站产生保留列车等症状，在目前的综合运输体系中，铁路运输已成为制约经济发展的瓶颈环节。目前，车流信息不畅导致的铁路运力紧张局面经常造成各地产品原材料的积压，不仅影响当地区域经济的发展，而且对能源需求地区的经济运行也造成了一定的负面影响。因此，运用计算机等现代化手段建立车流预测智能决策支持系统从而进行准确的车流预测以提高铁路运输能力、保证路网车流的合理分布、实现运力资源的优化配置已刻不容缓。

鉴于此，本书建立了车流预测的一套理论和方法，通过对车流预测智能决策支持系统的研究和开发，可以使车流数据流通顺畅，从而实现管理的现代化，提高工作效率，在激烈的市场竞争中居于有利地位。初级的决策支持系统强调用建立数学模型并用严格的算法求解来对决策者进行支持，而全路车流预测是一个复杂的大系统，很难建立起一个可行的数学求解方法的模型。目前采用的人工预测方法不仅耗费调度人员大量的时间和精力，而且缺乏足够的准确性。将人工智能与决策支持系统相结合形成的智能决策支持系统是决策支持系统的发展趋势之一。而智能 Agent 是计算机科学领域和人工智能领域中的一个重要的概念，特别适合对复杂和难以预测的问题进行处理。因此，本书提出了适合我国铁路运输模式的智能车流预测方法，并且通过对 Agent 和多 Agent 技术的研究，建立了基于 Agent 的开放和智能的车流预测决策支持系统。随着铁路信息化步伐的加快，尤其是随着当前 TMIS(铁路运输管理信息系统)的逐步建设和完善，TMIS 各子系统可以为智能车流预测系统提供完备的数据源，网络通信的发展也可为预测信息的传输提供保证。因此，基于上述基础，利用人工智能中 Agent 所具有的自治性、社会性、适应性及智能性等人类特性来解决车流预测这类复杂、协同的问题是完全可行的，这也正符合铁道部提出的“内涵式”发展战略的要求。

第一节 车流预测概述

一、车流预测的作用

在路网上，各铁路局发生车流堵塞的主要原因是由于车流不平衡而连续地到达该方向各站或区段，缺乏预见性，车流数量超过了车站和区段的通过能力，致使列车在车站或接近车站的地方大量集结，造成车站或区段的堵塞，使其通过能力充分饱和，失去机动性并使机车周转恶化，机车周转恶化又造成了行车量的进一步降低。这一状况的发生主要是由于对车流没有进行事先预测造成的。因此，运输调度规则规定，铁路局必须建立相应的车流预测制度，对未来几天到达或通过管内的车流进行预测，从而预见到各分界口、各限制口接、交重车数和终到局管内卸车数的未来变化，从而保证各分界口交接任务和各局卸车任务的完成，保证实现路网车流的稳定、均衡运行和各局运用车的合理分布。由此可见，按一定方法准确地预测车流未来几天的动态分布是编制铁路运输计划和进行车流调整的重要前提和质量保证。没有正确的车流预测而欲编制运输计划并进行车流调整将和天气预报不正确而欲采取预防天气变化的措施一样，非但不能收效，反而会产生不良后果。

二、车流信息的特点

所谓车流信息是指通过对全路网(或路网区域范围内)的车流分布进行数据处理而产生的车流分布信息。这里的数据处理是指对车流分布数据进行一系列加工处理的过程，包括车流分布原始数据的采集、存储、传送、计算和利用等。

为了较准确地预测未来几天路网上车流的分布情况，必须对车流信息的特点有所了解，从信息论的角度看，车流信息主要具有以下特点：

(1)准确性。这是车流信息的最基本要求。在进行车流数据的采集和计算处理时，应力求达到运输调度各部门所允许的准确程度，但不能追求不必要的高精度，因为精确度越高就越要增加车流信息量和处理工作量及处理难度。因此，要根据实际需要确定精确度。

(2)及时性。对车流信息的掌握只有准确是不够的，还要加快有关车流分布信息的处理，以便使处理后的车流信息能及时地应用到车流预测中。

(3)不均衡性。从信息论的观点看，铁路运输实质上就是物质流和车辆信息流的同时运输。我国铁路网分布的不均衡性及物质资源分布的不均衡性决定了车流信息也具有不均衡性。

(4)扩散性。是指为了让更多部门掌握车流信息，要进行有目的的传输，因此，车流信息在一定的时间、空间内，在一定的程度和范围内是可以共享的。

(5)动态性。车流分布信息是动态的和不确定的，在货运繁忙的方向，车流分布情况往往几小时内都发生变化，而且规律性不大。

(6)简明性。重要的车流分布数据往往和相对无用的大量数据混在一起，这就需要加以筛选，把与车流信息无关的数据信息剔除，以取得简明扼要、一目了然的车流信息。

三、车流预测的目标和特点

为了保证铁路运输秩序的正常进行，防止路网上车流运行的不均衡性和车流堵塞或积压的发生，车流预测要推算未来几天铁路局各分界口(限制口)将接交多少重车，管内主要站到达(通过)多少重车或主要卸车站到卸的重车数。

本书主要是根据铁道部调度、铁路局计划调和车站站调的不同需求，实现铁道部、铁路局和车站的三级车流预测，并将车流预测结果用于辅助日班计划和阶段计划的自动生成。

具体目标如下：

(1)收集到达分界口的列车信息，形成到达计划。

(2)根据到达列车信息，求局管内编组站重新解体和编组的车流，形成编组站到达计划。

(3)根据到达列车及其车辆信息,寻找到达推算局的重车辆信息,形成卸车计划。

(4)收集“运货”五及空车信息,形成装车计划。

(5)根据铁道部的排空要求、空车保有量、卸车计划和装车数,形成排空计划。

(6)根据(1)～(5)的结果,推算编组站(区段站)出发计划和中间站甩挂计划及车流来源。

(7)推算分界口交出计划。

(8)用推出的分界口交出计划作为下一铁路局的到达计划,如此循环迭代,推算各车站和铁路局下一阶段的出发计划及次日分界口交出计划。

(9)用第一天的推算结果和月请求车计划,仍采用上述迭代方法以3 h为间隔推算第二天直至推算出第七天的车流。

(10)每过一个阶段,用货车追踪系统的结果和推算结果相比较,计算兑现率,记录分析推算产生误差的原因,重新推算和生成新的更正计划。

(11)统计各项运营指标。

本书所提出的车流预测主要具有以下几个特点:

(1)准确性。指车流预测所需的车流分布信息及预测方法的正确性使预测结果成为制定日班计划的可靠依据。车流预测的准确性主要体现在两个方面:一方面是车流数量预测的准确性;另一方面是预测日期的准确性。

(2)层次性。我国调度指挥工作实行的是分级管理,集中统一指挥的原则。铁道部和铁路局所属的各调度部门由于其职能范围和作用不同,对未来车流分布信息的需求也不同。本书提出的三级车流方法能够满足这种需求。

(3)时效性。指车流预测结果能及时应用到车流调整和日班计划制定中去,为二者提供准确的车流分布信息。另一方面,在车流预测过程中,一般要求掌握未来七天内的车流分布信息,预测车流越早,则能预见的范围越小,能预见的车流预测信息量就越少,预见越晚则反之。

(4)预见性。车流调整以预见性调整为主,因此必须知道未来几天的各分界口、卸车站等主要站的车流分布情况,才能采取相应的调整措施。

另一方面，各局每日要制定日间轮廓计划，以指导货运及列车运行，为了使车流调整措施通过日班计划来实现，也需知道未来几天到达该局的车流情况。

(5)完整性。指车流预测内容的全面、完整。车流预测不仅要预先推算未来几天铁路局各分界口交接的重车数，还要预先推算相应几天管内各主要编组站到达车数和各主要卸车站的到卸车数。

(6)简易性。由于车流预测涉及全路 18 个铁路局的众多分界口，因此，其计算工作量是非常大的，若单纯追求推算结果的高精度，不仅增加繁重的计算量，而且计算结果也不能及时应用到车流调整和日班计划的制订上。因此，在满足准确性和及时性的前提下，力求使计算方法简单可行，减少不必要的计算量。

第二节　我国现行车流预测方法及其存在问题分析

一、现行车流预测方法

我国的现行车流预测方法从 20 世纪 50 年代初铁道部规定并一直沿用至今。该方法计算简便，实用性强。其具体内容可分为远期车流推算、近期车流推算和运用车保有量推算。

1. 远期车流推算方法

远期车流推算主要是预测路网上各铁路局装车交出到达本局的车流。一般车流运行距离较远，运行时间较长，沿途走行要经过几个局和编组站作业，并经过几个分界口交出才能到达本局。

由于远期车流运行时间比较长，因此远期车流推算可预测未来 4～7 天到达或通过本局的车流。

从车流预测的对象来看，远期车流推算又分为远期管内工作车推算和远期移交车推算。

(1)远期管内工作车推算方法

管内工作车是指在铁路局管内有装卸作业的重车，主要包括局管内自装自卸和外局接入自卸车流。由于管内自装自卸的装车和卸车都是在同一局内进行，故推算未来几天到达卸车站的车数相对来说是比较容易的。因此，管内工作车的推算主要是指各局能对本局接入自卸车流未来几天车数的变化进行预测。

目前各铁路局之间对于各局装车数要通过铁道部“中转”完成，因此铁道部调度处规定各铁路局调度所每天将到达局别装车数报部，然后，由调度处汇总，下发到各车流终到局的调度所。

(2)近期移交车推算方法

移交车是指铁路局各分界口接运通过和局自装交出的车流。移交车推算方法与管内工作车推算方法不完全一样，管内工作车推算是根据各装车局所装的重车进行推算的，而移交车是根据相邻铁路局的待发重车和预计装往其他局的重车进行预测的。推算局记录本局各分界口对邻局所有去向别待发车数，然后根据接入口至交出口的规定运行期限，即可推算交出分界口的交重车数。

2. 近期车流推算方法

近期车流推算是预测邻局装到本局的重车和待装到本局的车流，一般行程较近，运行时间较短。

近期车流推算是根据有关邻局相互交换的待发重车资料、本局的待发重车和预计装往外局的重车数来预计分界口的交出重车数。由于近期车流推算预计的是1～2天到达或通过本局的车流，与局日间轮廓计划制定关系密切，而且通过近期推算，可以预测到各分界口接交重车数未来几天的变化，以便进行必要的车流调整，保证各分界口交重任务的完成。

近期车流推算具体的推算方法是根据邻局相互交换的待发重车数中预计接入需经某分界口交出的重车数，加上本局向某分界口交出的待发重车数及本局当日预计向某分界口站装车的重车数，减去当日预计可向某分界口交出的重车数，即可推算出当日18点需经某分界口交出的待发重车数。将此数除以该分界口的移交车周转时间，即可得出预计当日某分界口应移交的重车数。

3. 运用车保有量推算方法

运用车保有量是指各铁路局为了完成规定的运输任务，需保有的必要运用车数。

运用车保有量推算主要是为了平衡各铁路局的运用车保有量。必要时进行调整，使其能合理分布，保证各铁路局运输计划的完成，因此，运用车保有量推算是日常运输工作和车流调整中一项很重要的工作。

运用车分为重车和空车，其中重车又可以分为管内工作车和移交车。

(1)管内工作车保有量推算

管内工作车保有量推算主要是为了预测推算每日 18 点局管内接入自卸和自装自卸的重车数。由本局昨日 18 点管内工作车保有量加上当日 6 点本局预计全日接入自卸的重车数和全日自装自卸的装车数，减去当日 6 点本局预计全日卸车数即可得到当日 18 点管内工作车保有量。

(2)移交车保有量推算

移交车保有量推算是为了预测推算当日 18 点本局自装交出和接运通过的重车数。由本局昨日 18 点移交车保有量加上当日 6 点本局预计全日自装交出和接入通过的重车数，减去当日 6 点本局预计交出重车数即可得到当日 18 点移交车保有量。

(3)运用空车保有量推算

空车保有量推算是空车调整中为保证装车的需要而对车流采取调整措施，根据铁路局排空、卸车、装车任务，对空车使用情况进行预先推算。因此，空车推算结果的准确与否，对局次日排空和装车工作都有重要影响。由本局昨日 18 点空车保有量加上当日 6 点预计本局全日接入空车数，加上当日计划解除备用车数和当日卸空车数，减去当日 6 时预计全日排空车数和全日备用车数即可得到当日 18 点空车保有量。

(4)运用车保有量推算

由昨日 18 点总运用车保有量加上当日 6 时预计全日接入交出重空车总数的差额和当日解除备用车数，减去当日备用车数即可得到当日 18 时运用车保有量。

二、现行车流预测方法存在的问题

日常运输组织工作中，运输不畅通的毛病都会不定期发作。最明显的症状是编组站、分界站堵塞，中间站产生保留列车，潜在症状表面不好发现，仅靠运输指标还不能全部反映出来，需要特殊手段才能发现。

从信息处理的公开性、有效性、及时性、准确性来看，目前车流有以下几方面不足。

(1)信息不公开性。铁路局在执行日班计划过程中，接车局临时不接发车局的列车时有发生，理由是接车局有困难，但发车局事先并不知道对方信息，如果这类问题事先知道就可以避免。

(2)信息不完备性。反馈到铁路局 18 时车流信息很有限，如运行区段车流量、分界口车流量、到达卸车站车流量不能反映出来，不利于车流调整。

(3)信息局限性。铁路局对大量车流信息了解还停留在铁路局管内这个层面上，对外局信息了解很少甚至不了解，有关规则束缚着铁路局之间了解信息，经常出现发车局安排装车超出接车局卸车站卸车能力的现象。

(4)信息滞后性。卸车站重车出现积压时，车站才会自下而上向上逐级反映，等到上级采取停装、限装措施时，重车已经堵到一定程度，甚至产生大量保留列车，信息严重滞后，错过车流调整最佳时机。

第三节　国内外相关研究情况

根据前述车流预测的具体目标，本书所研究的车流预测包括铁道部调度关注的铁路局间分界口交接车流信息、铁路局排空车流信息、铁路局管内编组站的到达、编解、出发车流信息以及货运站的装卸车流信息等。由于世界上各国的铁路运输组织方式千差万别，所以国内外有关这方面的研究也就多种多样。

20 世纪 60 年代初我国沈奏廷教授曾提出车流分类并指定车流预报站的方法，其实质是将外局装车自局接入的车流分为三大类，并在适当地点增设信息收集点，为每个铁路局设置一定的车流预报站，以提前取得较准确的车流分布信息。近年来，国内很多研究者将车流预测作为日班计划编制过程中的信息收集和处理阶段来考虑。国外研究者在该方面也进行了大量的研究。前苏联技术科学博士 П. П. 图鲁波夫提出了运用状态预测试探法进行车流预测，该方法通过所建立的数学模型，运用计算机完成铁路局运营指标的预测。欧美一些国家对货物运输中的空车分配问题以及空重车流结合在一起考虑的空重车辆分配问题进行了研究。但由于运输体制的不同，在运输组织方式及优化目标等方面存在较大的差异，因而不适用于我国的铁路运输。

在前述分析的基础上，本书提出了一种新的滚动式智能车流预测方法，该方法可有效克服现有车流预测方法中存在的问题；研究了单个Agent结构和多Agent的体系框架，建立了基于Agent的车流预测智能决策支持系统，该系统可以整合现有TMIS系统信息并以其为基础数据源，预测未来7日内任意时刻、任意区段和铁路局、车站的车流分布以及分界口交接车流情况，实现货主货物的动态追踪并辅助实现日班计划和阶段计划的自动生成和编制。这种基于多Agent的系统不仅具有资源共享、易于扩张、可靠性强、灵活性强、实时性好等特点，而且可通过Agent的协作解决大规模的复杂问题，从而使该系统具有很强的鲁棒性、可靠性和自组织能力。

本书的研究思路是首先介绍车流预测的研究背景及其意义，并分析现行车流预测方法及其存在的问题；在对其理论基础进行研究的过程中，从单Agent入手，提出一个普遍意义的单Agent结构和一种既易于实现又易于扩充的多Agent结构；之后介绍三级智能车流预测的总体结构，提出滚动式智能车流预测方法，并建立基于Agent的车流预测决策支持系统，从而形成从微观到宏观的理论与实践相结合的较为完整的体系。

本研究涉及多个学科，是一项极具创造性和挑战性的研究工作。其特色和创新之处在于：

(1)提出的滚动式智能车流预测方法能够满足各级运输调度部门的要求。

(2)该车流预测方法将装车、卸车、到达、出发、解体、编组等置于一个系统中，根据到达车流的不同类型分别进行处理。

(3)该智能车流预测方法从根本上解决了原来靠结果检验过程、发展到堵塞才发现问题的弊端，而且可以使许多问题消灭在萌芽状态，从而使运输效率和效益指标得到很大提高。

(4)该方法以3 h为间隔对车流进行推算，对产生的空车及时进行排空或配空处理，增强了车流预测的准确性。

(5)该车流预测方法以铁路局为单位进行推算，根据该局接入车流(即邻局交出车流)推算其分界口交出车流以及管内各编组站、区段站和中间站的车流情况，并将其输出作为相邻局的输入，对于有车站系统的车站，由车站自己推算车流，从而有效降低了问题复杂度。

(6)该车流预测方法综合运用了Agent理论和数学规划方法，并提出了一种适用于车流预测各子问题的模块化的 Agent 结构和多 Agent 层次结构。方法角度自然而新颖，易于理解，易于实施。这种方法具有普适性，可以推广到更为复杂的运输管理过程。

(7)建立了基于多 Agent 的车流预测智能决策支持系统，形成一个较为完整的理论和实践相结合的体系，可以指导构造更广阔的系统、解决复杂的系统问题，对相关领域具有借鉴作用。

(8)分析和确定了影响车流预测方案的因素，根据评价指标体系的建立原则，建立了智能车流预测系统的层次化评价指标体系，采用多层次模糊综合评判和层次分析相结合的方法对车流预测方案进行了评价，从而使车流预测能够更好地服务于车流调整和日班计划的制订。

第二章　滚动式智能车流预测方法理论基础研究

综合运用人工智能和数学规划的理论和方法对路网车流进行动态预测并建立相应的智能决策支持系统是本书的特色与创新点。本章介绍与滚动式智能车流预测方法相关的 Agent 理论和智能决策支持系统的相关知识，并提出了一个一般意义下的 Agent 框架模型。

第一节　Agent 概念及其基本属性

一、Agent 概念

近年来，Agent 研究成为人工智能研究的热点。基于 Agent 的概念，人们提出了一种新的人工智能定义：人工智能是计算机科学的一个分支，它的目标是构造能表现出一定智能行为的 Agent。所以，Agent 的研究应该是人工智能的核心问题之一。现在，关于 Agent 的研究不仅受到了人工智能研究人员的关注，也吸引了数据通信、人机界面设计、机器人、并行工程等各领域的研究人员的兴趣。有人认为基于 Agent 的计算(Agent-Based Computing，简称 ABC)将成为软件开发的下一个重要的突破。

那么，究竟什么是 Agent?

Agent 有时称为“代理”，有时称为“智能体”、“主体”、“助手”、“精灵”，至今仍无一致的认识，主要是因为其含义随应用环境的变化而变化。下面是几个有代表性的描述：

(1)Agent 是具有自治和面向领域推理能力的系统。

(2)Agent 是一个能够实现信息对话，协商，协调的程序。

(3)Agent 是一个系统，可以感知环境和反作用于环境，系统持续地运行，并一直追求自己的目标以至影响系统对环境的感知。

(4)Agent 是能够理解系统未来行为的计算实体。

(5)Agent 是系统从无序到有序的序参量。

在总结前人在主体领域的一些工作后，可以从弱定义和强定义两个方面去理解主体的特性。其一，弱定义，Agent 一般用以说明一个具有自主能力、社交能力、反应能力和主动能力的软硬件系统；其二，强定义，Agent 不仅具有以上特性，而且具有知识、信念、目的、义务等人类才具有的特性。

计算机科学工作者更多地从广义角度，认为 Agent 表示基于硬件或者(更常见的是)基于软件的计算机系统，并具有自主性、反应性、社会性、主动性等特征，如自包含的软件进程或软/硬件机器人等；并从软件设计范式的演化提出了从面向对象的软件工程到基于 Agent 的软件工程，对于复杂软件系统的分解与抽象，强调主动、灵活的分布计算能力，交互、协作机制，计算模型与软件体系结构、设计模式等。

AI 研究者则更倾向于从狭义角度出发，认为除上述属性外，还应对 Agent 赋予更特定的含义，并采用通常用于描述人的概念，如心智状态中的信念、意图、承诺等。Agent 强定义试图模拟人的思维方式与智能的表现，如意志、信念、期望等。这种定义的基础是基于符号 AI，认为 Agent 是一个符号推理系统，包含关于环境与期望的行为的符号表示，如 Shoham Agent0。

在 AI 领域能为大部分研究人员所接受的定义是将 Agent 看作是一类在特定环境下能感知环境，并能灵活自主地运行以实现一系列设计目标的、有生命周期的计算实体或程序。Agent 作为自主的个体在一定的目标驱动下具有某种对其自身行为和内部状态的自我控制能力，能够不受人或其他 Agent 的直接干预，并尽可能准确地理解用户的真实意图，包括帮助用户方便、准确地描述和表达任务意图，采取各种由目标驱动的、积极主动的行为，如社交、学习、推理、合作等，感知、适应并运行于复杂的和不断变化的动态环境，有效地利用环境中各种可以利用的数据、知识、信息和计算资源，为用户提供迅捷、准确和满意的服务。

二、Agent 属性

关于 Agent 应具备哪些基本属性尚无定论，学术界有如下几种认识：

(1)Agent 应具有自治性、反应性、社会能力与主动性四个基本属性。

(2)Agent 的最基本特性应包括反应性、自治性、面向目标性和针对环境性。

(3)Agent 的存在需要其他 Agent 和一个虚拟的世界；Agent 可以感知和影响虚拟世界；Agent 至少可以部分地代表虚拟世界；Agent 是指向目标的，因此具有安排它自身活动的能力；Agent 能够与其他 Agent 通信。

大多数 Agent 研究者认为，Agent 除了应满足一些最基本的特性外，还应根据应用需求拥有其他特性，如移动性、学习与适应性、交互与规划能力、理性、持续性或时间连续性等。当前 Agent 的研究正朝着智能性、代理性和移动性三个方向发展。单就智能性来看，Agent 就是一个专家系统；代理性则起着代理人、机器的作用，为被代理对象从事工作，如在后台从事繁琐的工作，大量信息搜索、过滤等；而移动性则指 Agent 能在网上移动到不同机器上运行。

总的来说，根据需要，Agent 应具有以下属性：

(1)自治性。Agent 能在没有人类或其他 Agent 直接干涉和指导的情况下独立运行，并能独立地根据其内部状态和感知的环境信息决定和控制内部状态和自身的行为。

(2)反应性。Agent 能够通过各种接口和通信机制感知外部环境的变化并及时产生复杂和适当的反应。

(3)社会性。Agent 拥有其他实体（Agent、人、对象以及它们构成的环境）的信息和知识，并能够通过某种通信语言与这些实体进行交互和协作。

(4)主动性。Agent 能够根据承诺采取主动行为，表现出目标驱动的特性。Agent 是有目的地而不是简单地对外部环境作出反应。

(5)适应性。Agent 是具有学习功能的智能体。Agent 能够在一定程度上对其他 Agent 和外部环境作出响应，更高级形式的 Agent 的适应性使其能根据以往的经验修改自身的行为。

(6)理性。Agent 没有冲突的目标，其动作和行为总是基于其内部已有的目标，而且行为有助于目标的实现，而不会故意阻止其目标的实现。

(7)友好性。Agent 总是尽可能地完成其他 Agent 的要求。

(8)交互性。Agent 能够和环境以及其他 Agent 进行通信。通过交互可以报告自己的状态或感知环境的变化。交互是 Agent 最重要的属性之一,多 Agent 交互的三要素是:统一的 Agent 通信语言和协议;统一格式的通信内容;共享的词典。

(9)移动性。Agent 能够将自己从一个环境移动到另一个环境。并在新环境下正常运行。

(10)智能性。Agent 的状态由信念、目标、规划和意图等心智状态构成,并通过符号语言与其他 Agent 进行交互。

(11)代理性。Agent 可以代表某人或某实体为其获得利益或代其行使职权。

(12)不可预测性。Agent 的行为具有某种不确定性。即使知道 Agent 的内部状态也不能完全预测 Agent 的行为方式。

(13)协作性。Agent 可以为达到同一目标而协同工作。

(14)可信性。Agent 遵从 Agent 社会的法则,从这个角度上看Agent 是可信赖的。

(15)协调性。一个 Agent 可以在与其他 Agent 共享的环境下工作,其行为可以通过规划、工作流和其他管理机制进行协调。

(16)健壮性。Agent 能够处理一些错误和不完整数据。

(17)持续性。Agent 是一个持续运行的实体,它可以有持续性的目标,也可以不断地产生新的目标。

第二节　Agent 体系结构

理论上讲,任意复杂的系统都可以用多个对象或 Agent 构成。面向对象方法在系统分析、设计、尤其是程序设计中已有非常广泛的应用,而 Agent 以其独有的自治性、主动性、智能性、目标性、反应性等特性表现出比对象更强的适应能力,在计算机、控制和信息学科等领域内得到普遍重视。许多专家将 Agent 视为 Object 技术的更新换代技术。Agent 技术引入信念、期望等理性思维活动,紧密结合人类主观意识和客观世界,比面向对象技术更能反应客观世界事物之间的深层联系,是面向对象的完善和发展。

由于任意复杂的系统都可以由复杂程度相对较低的 Agent 按照不同

的联系组合在一起，因此研究 Agents 及其相互作用成为解决复杂问题的关键，而首要任务就是构造具有自主性、社会性和自适应性的 Agent。

一、Agent 的概念模型

有关 Agent 的模型已作了大量的工作。本书认为：Agent 模型具有一定的目标、知识和能力。大多数 Agent 的知识是在开发时由开发人员一次性赋予的，并且在开发、运行过程中基本不再改变，即不具备学习功能，虽然在实际工程中，不具备学习功能的 Agent 根据在开发时给定的知识就可解决许多实际问题，但我们还是先提出具有学习功能的 Agent 的概念模型。如果 Agent 能够通过机器学习，或者在其运行过程中更为理想地收集信息，使其在工作的过程中知识不断增加，能力不断增强，具有更高的智能程度，则构成具有学习功能的 Agent，如图 2-1 所示。

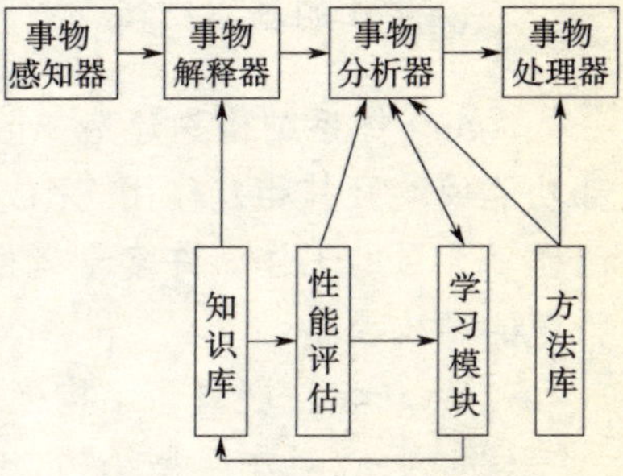

图 2-1　Agent 概念模型

概念模型中各模块功能说明如下：

(1)事物感知器。对外界事物进行感知。

(2)事物解释器。系统内外进行交互的界面。

(3)事物分析器。通过调用知识库的知识，对感知的信息进行分析和推理。若是需要执行的任务，则调用方法库中相应的方法加以解决；否则，将所得到的信息经过初步加工后，形成知识并加入到知识库中。

(4)事物处理器。通过调用方法库中的方法，对问题进行处理。

(5)学习模块。对从外界得到的信息，进行初步加工后，形成知识并加入到知识库中。

(6)性能评估模块。对新获得的知识进行深化处理，取出干扰，解决矛盾，维护知识库的完整性，并产生学习模块的反馈信息。

通过反馈的作用，能逐步缩小学习过程中存在的偏差，提高学习品质，可见该 Agent 具有如下能力：

(1)感知能力。通过事物感知器实现对外界信号的感知。

(2)推理能力。事物分析器利用知识库中的知识对感知到的原始知识进行分析、推理。

(3)通信能力。通过事物感知器对外界影响产生反应,并通过事物处理器对外界产生一定影响。

(4)行为能力。事物处理器完成此功能。

(5)学习能力。学习模块完成此功能。如果没有该模块,就是普通的没有学习功能的 Agent 的概念模型。

二、Agent 的基本结构

Agent 体系结构是建造 Agent 的一套特定方法,研究怎样组织其内部功能模块及其相互作用,完成特定的任务。有关 Agent 的模型和结构已作了大量的工作。许多学者根据具体的应用提出了各自的观点和各具特色的结构模型:

(1)Agent 三层概念结构模型:定义层、组织层、合作层。

(2)Agent 基本模型结构,包括状态、目标、域知识、事件选择、消息处理等部件。

(3)基于意识立场的 Agent 设计方法。

(4)基于知识的 Agent 组成与结构。

(5)以事件处理为中心的 Agent 基本模型,由事件处理系统、方法集和内部状态三个组成部分构成一个 Agent。

从信息处理的角度来分析上述各种观点发现:不管是简单的应用软件 Agent,还是软、硬件集合的 Agent,本质上都是这样一个信息处理功能实体或计算单元:它感知"环境"的变化和要求,通过其内部机制驱动的计算、推理活动等内部行为,通过执行器返回计算结果,即"改变环境"。感知所处环境信息、接收外部 Agent 合作需求以及返回计算结果或通过执行机构改变环境参数,均可概括为 Agent 的外部行为,Agent 个体的内部计算、推理以及对知识库、信念库的维护等行为是 Agent 的内部行为,而体现 Agent 思考行为的知识库、信念库等则可以认为是 Agent 的心智(Thinker)。基于上述认识,单个 Agent 可概括为心智、内部行为和外部行为组成的三层结构,每个部分又由含有特殊用途的模块组成,如图 2-2 所示。

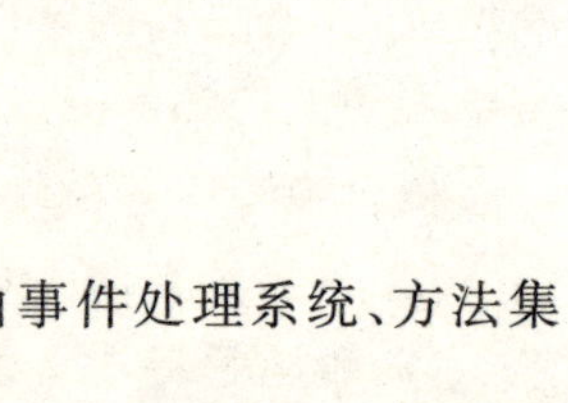

图 2-2　Agent 的层次结构

不管具体 Agent 的结构如何变化，但这三个部分是基本的。针对具体的应用，其结构可能在此基础上添加或减少某些概念模块，使结构更符合实际要求。

细化 Agent 的层次结构，则得到单个 Agent 的结构模型如图 2-3 所示，层次结构模型中各部分包括的主要模块及其功能描述如下：

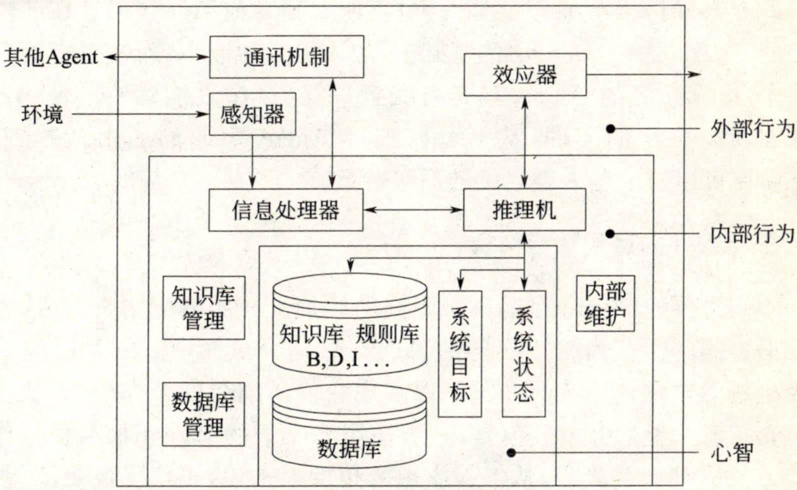

图 2-3 单 Agent 结构

(1)心智层。为 Agent 的核心，是 Agent 的大脑、智能的来源，包括信念、期望、意图、承诺、规划及 Agent 本身的局部数据等，是 Agent 行为决策的根源和依据，一般以知识库、信念库的形式存在。信念是 Agent 对世界的认识，是内部状态和外部状态特征的描述；期望是系统的目标，是 Agent 对未来状态的期望及系统规划和行为的结果，并作为 Agent 进行下一步行为决策的依据；意图是 Agent 在其希望的基础上对自身在未来时间内将要执行的行为的预先计划。

(2)内部行为层。包括心智管理、规划和学习等，是 Agent 内部的心智活动，负责对心智进行维护，对感知到的环境状态、其他 Agent 的通信信息以及自身内部的状态进行分析推理并规划其目标、意图和行为，仅对其内部状态产生作用而不影响外部环境。

(3)外部行为层。主要由环境感知、Agent 之间的通信以及体现其服务能力的行为执行三部分构成，负责 Agent 与所处环境以及其他 Agent 成员之间的交互。

Agent 核心——心智决定了 Agent 智能程度的高低，并且由此引起心智维护、推理机制等内部行为、外部行为的复杂化。在自动控制系统的研究中，最简单的 Agent 甚至可以是一个只起到传感作用的 Sensing Agent，这种 Agent 没有记忆能力，也不能感知其他 Agent 的存在。较高一级的 Agent 是在 Sensing 的基础上，加入记忆功能，从而使之有了自身的状态；更高一级的 Agent 具有自我意识能力，使之能感知其他 Agent 的存在和与自身的不同，从而可以进行 Agent 之间的通信。再往上，Agent 便可以有一些人类思维的高级特征。

三、Agent 的通用模板结构

不同类型的 Agent 可能具有不同的结构。在实际应用中，设计者往往根据不同的需要而采用不同的 Agent 结构。虽然 Agent 的远期目标认为是任意个性化的 Agent 都可以实现它们所期望的合作(有人认为这才是真正意义上的开放)，但是，一个通用意义下的 Agent 框架模型作为智能 Agent 建模的模板，从工程应用的角度上来说，不仅实施规范，维护管理简单，其通讯协作也容易实现，而且统一规划的 Agent 为设计和建造适应于多种应用领域的智能 Agent 或面向 Agent 系统具有重要的指导意义。

1. Agent 的通用框架模型

本书基于 Agent 的基本概念和结构模型，采用面向对象和面向 Agent 的分析、设计方法，把一个 Agent 分解为既相互作用又具有相对独立功能的若干模块，提出一个一般意义下的 Agent 框架模型，如图 2-4 所示。

从数据流向看，该模型分为相互联系的四个部分：输入部分；工作存储器、局部信息与数据区和静态知识库；各功能模块；输出部分。该方向体现了 Agent 的信息处理流程。

从结构上看，它是一个层次结构系统：所处的外部环境层；由感知器、效应器、反应器、通信器、任务存储器等构成的外部行为层；由问题求解器、功能组件、知识库管理器、数据库管理器和内部维护组成的内部行为层;存放 Agent 方法集、行为集、规则集的知识库及存放 Agent 个体知识如能力数据、任务数据和状态数据的数据库所构成的心智层。

从整体上来看该通用框架模型是网状结构。该 Agent 行为的基础是感知,感知可以分为主动感知和被动感知。主动感知包括请求获取信息、检测传感器以及查询内部状态等。被动感知则是指 Agent 被动接收到信息(往往以中断方式提供)。感知问题的关键是:必须把数量巨大的感知数据进行精炼,并以一种易于处理的方式有效地表示和描述出来。Agent 根据感知,运用所拥有的知识进行推理,解决问题,并通过效应器对作用对象产生影响。广义上讲,感知和作用的对象包括 Agent 自身及其外部环境。这里的外部环境由外部世界和 Agent 社会构成。外部世界是 Agent 可以感知和作用的外部事物,Agent 社会表达了各 Agent 之间的关联。

外部行为包括感知器、效应器、反应器、人机交互界面及任务存储器。感知器、人机界面等主要负责感知环境信息、感知其他 Agent 和用户的请求,并将此信息送交任务存储器,效应器、反应器则是执行 Agent 的决策、改变环境,向其他 Agent 发出的请求也通过效应器实现。任务存储器由若干功能模块及其相应的黑板结构型局部信息与数据区组成,主要负责控制 Agent 的运行模式,并协调 Agent 与用户、其他 Agent 和环境的相互作用。该层是 Agent 与环境交互的桥梁,显示出 Agent 的外部和社会能力,因而也可称为协作层。

Agent 的内部行为层主要包括问题求解器、功能组件、知识库管理器、数据库管理器及内部维护模块。问题求解器又包括多个子问题求解的模块(如图 2-4 所示),主要负责求解领域任务和具体动作(包括反应型动作)的决策;知识库管理器和数据库管理器负责存储和维护系统知识库、规则库、数据库等,管理内部行为对知识的调用方法。

Agent 的内核则被认为由一组知识系统、专家系统和问题求解程序构成,反映出 Agent 的内部和领域处理问题的能力。

这两部分都被设计成组(插)件式模板结构,即由一组功能上相对独立的、可拆装组件或插件(功能)模块构成,可根据需要选择、忽略和增删功能模块、知识,由此即可构成符合各种功能要求、反映多种性质的 Agent。

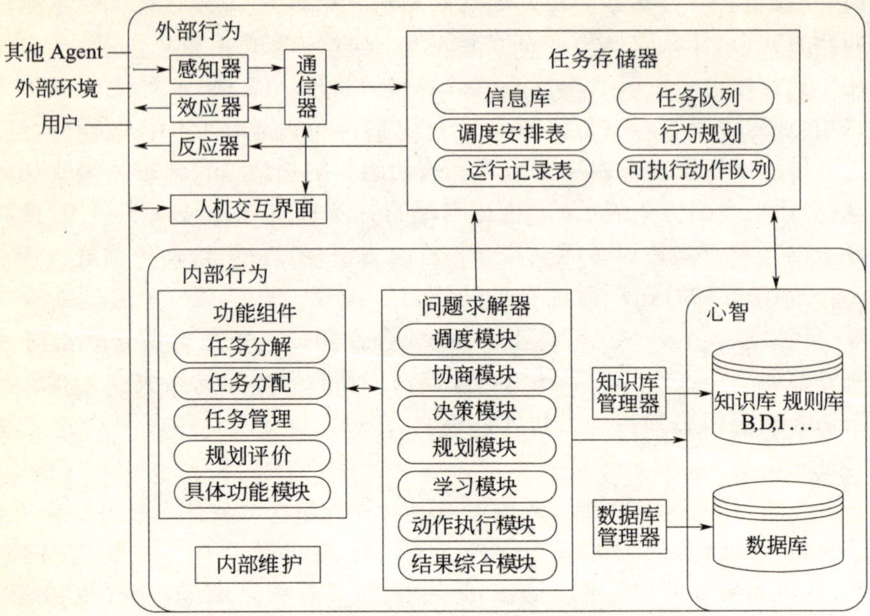

图 2-4 通用 Agent 结构

2. Agent 通用模型的工作流程

智能体创建后运行即进入运行状态。在该 Agent 的生命周期内,各功能模块并行地循环、连续运行,其流程如下:

(1)外部信息的输入。主要有 3 个来源:感知器感知外界环境的变化及需求;与其他 Agent 之间的信息交互;由用户操作的人为输入信息。这些外界环境信息由通信器统一管理,收集的信息经过处理后放置于信息库中。信息库是局部信息存储和交换的地方,完成对数据的分类和存储,其结构一般采用黑板模型。与其他 Agent 之间的通讯一般采用 KQML 语言。人为输入信息由本地消息处理单元完成,对外界环境变化信息的获得则通过感知器实现。

(2)调度模块。它负责整个 Agent 的协调运行,当信息库中的信息发生变化时,根据信息解释和分类知识库中的规则对信息进行解释和分类,并将其分配到任务存储器的相关单元。调度模块维护一个调度安排表,采用调度规则和调度策略根据信息和当前状态决定其他功能模块的运作模式，并负责协调各功能模块的活动和相互作用；调度模块还维护一个运行记录表，用于记录 Agent 的运行过程，并将这些信息保存在历史信息库中。显然，其功能远强于专家系统中的推理机。

(3)反应器。使 Agent 能根据输入信息和当前状态快速或实时处理一些简单和紧急时间的短期目标，它运用动作型规则（反应型行为知识库中的条件规则），将来源于调度模块的反应型信息直接映射为动作（或预定义规则）；反应器生成的动作和目标通常以最高优先级加入到可执行动作队列中。

(4)协商模块。它是 Agent 的任务协调机构，负责协调本 Agent 与其他 Agent 或 Agent 组织之间的协作行为和相互作用；负责领域任务的分解和分布，通过管理一个合同集如某种高层协议（如合同网），采用协商和谈判方式，承揽任务并提供该 Agent 的特色服务；与其他 Agent 联合，消解 Agent 间的资源、任务结果冲突。协商模块是 Agent 可以实现合作的保障。

(5)决策模块。根据调度安排，选择 Agent 能达到的目标，将其按照不同的优先级加入到任务队列；然后，它从行为规划中选择并采用那些预先定义的可达到活动目标的规划，使之成为活动规划；之后活动规划被加入到可执行动作序列，交由相应模块执行。决策模块所选择预定义规划来源于知识库中的预定义规划库，该模块还负责消解这些规划间的可能冲突，并修改已经过时的、错误的、冲突的及当前不再可用的规划，并决定在必要时重新规划。

(6)规划模块。当没有可用预定义规划时，规划模块被激活，功能包括：用规划知识库和规划模板库中的知识创建新规划；消解规划间可能的冲突；模拟新规划的执行效果；评价规划模拟结果；对规划进行适宜的优化，从而形成优化规划集，并把形成的活动规划加入到可执行动作队列中。

(7)学习模块。使用学习知识和规则库中的启发性知识，对可执行动作队列中的活动规划、活动规划的执行对 Agent 行为规划的改变、规划模拟和规划优化的结果等进行分析；根据分析结果，把新规划和新目标作为新知识加入到行为规划；其他学习过程还包括知识库中知识的获取等。

(8)动作执行模块。负责具体执行已提交到可执行动作队列中的活动规划和动作，调用相应的问题求解器并发或并行地派相应的效应器执行已规划好的任务和动作。

(9)结果综合模块。综合和提交任务或动作的执行结果，与其他 Agent、环境及人机交互界面进行信息交换，根据执行结果修改信念和知识库中的相关内容。

(10)问题求解。包括一系列任务求解程序和过程，每个程序都可调用领域问题求解知识库中的具体知识，独立地执行特定动作或完成特定领域任务。

(11)用户可以通过人机交互界面控制和监测 Agent 的运行行为，并进行必要的信息交换。

通过上述分析可以看出，这种模块化的结构有以下特点：它是一个通用的组件式模板框架模型，由一组功能独立又相互作用的模块组成，其面向对象和面向 Agent 的设计机制为实际建造 Agent 和面向 Agent 系统提供了一种方便的途径；通过各模块间消息传递、信息交换、模块间互相激活和相互作用，形成了一个目标驱动的复合网状结构，而不是简单的多层次结构；由它支撑建造的单/多 Agent 系统，能展示出更多的智能 Agent 性质和属性。

3. Agent 的通用模型描述

上述提出的 Agent 通用模型可被广义地定义为一个三元组：

Agent＝〈外部行为，内部行为，心智〉

本书采用 BNF(Backus-Naur-Form，巴科斯范式)对该通用 Agent 进行描述。BNF 是一种计算机语言的形式化描述方法，由于其在事物描述方面具有简洁、严谨和清晰的优点，从而成为信息技术领域应用广泛的描述和设计工具。以下是该 Agent 结构的 BNF 描述：

〈Agent〉::＝〈AgentID〉〈External Action〉〈Internal Action〉〈Thinker〉

〈External Action〉::＝〈perceptron〉〈effective apparatus〉〈reactor〉〈communication〉〈man- machine interactive interface〉〈work memorizer〉

〈work memorizer〉::＝〈message base〉〈schedule table〉〈work queue〉〈operating log〉〈executed action queue〉〈action plan〉

〈Internal Action〉::=〈problem solver〉〈function component〉〈database manager〉〈knowledgebase manager〉〈internal maintenance〉

〈problem solver〉::=〈schedule module〉〈negotiate module〉〈decision module〉〈planning module〉〈learning module〉〈action-executing module〉〈result-integrating module〉

〈function component〉::=〈work decomposition〉〈work assignment〉〈work management〉〈plan evaluation〉

〈Thinker〉::=〈knowledgebase〉〈database〉

〈knowledgebase〉::=〈method set〉〈action set〉〈rule set〉

〈database〉::=〈capacity data〉〈work data〉〈 state data〉

其中含义为：

(1)AgentID 表示 Agent 标识符。

(2)External Action 表示外部行为。

(3)Internal Action 表示内部行为。

(4)Thinker 表示心智。

(5)Perceptron，effective apparatus，reactor，communication，man-machine interactive interface，work memorizer 分别表示构成外部行为的感知器、效应器、反应器、通信器、人机交互界面和任务存储器。message base，schedule table，work queue，operating log，executed action queue，action plan 分别表示构成任务存储器的信息库、调度安排表、任务队列、运行记录表、可执行动作队列和行为规划。

(6)problem solver，function component，database manager，knowledgebase manager，internal maintenance 分别表示构成内部行为的问题求解器、功能组件、数据库管理器、知识库管理器和内部维护。schedule module，negotiate module，decision module，planning module，learning module，action-executing module，result-integrating module 分别表示构

成问题求解器的调度模块、协商模块、决策模块、规划模块、学习模块、动作执行模块和结果综合模块。work decomposition，work assignment，work management，plan evaluation 分别表示构成功能组件的任务分解、任务分配、任务管理和规划评价。

(7)Knowledgebase，database 分别表示构成心智的知识库和数据库。method set，action set，rule set 分别表示 Agent 的方法集、行为集和规则集。capacity data，work data，state data 分别表示 Agent 本身的能力数据、任务数据和状态数据。

第三节　多 Agent 系统(MAS)概念及其属性

随着网络和分布计算技术的发展，一些现实系统往往异常复杂、庞大，并呈现出分布式特性，以至于单 Agent 因个体所拥有的知识和计算资源的限制而力不能及，因此对多 Agent 的研究迅速发展，逐渐成为人工智能研究的热点。

一、MAS 概念

所谓多 Agent 是指由多个相互作用、相互联系的 Agent 组成的一个较为松散的多 Agent 联邦，这些 Agent 成员之间相互协同、相互服务，共同完成一个任务，其协作求解能力超过了单个 Agent。各 Agent 成员的活动是自治和独立的，其自身的目标和行为不受其他 Agent 成员的限制，它通过竞争或磋商等手段协调解决各 Agent 成员的目标和行为之间的矛盾和冲突。它还具有个体信息不完全、能力有限、无全局控制、数据分散化和计算异步等特点。MAS 作为解决复杂问题的一个有效方法，能够利用并行分布式处理技术和模块化设计思想，把复杂系统划分为相对独立的 Agent 子系统，通过 Agent 之间的合作和竞争来完成对复杂问题的求解。实际系统中的 Agent 可由不同开发者在不同时间运用不同的工具和技术来实现，因此它们各自具有不同程度的问题求解能力。

MAS 的数据和资源是分散的，每个 Agent 对于所要完成的任务拥有不全面的信息或能力，其执行任务的观念是局部的，不存在全局的控制系统，问题的求解和计算异步进行。

二、MAS 属性

1. 社会性

在 MAS 中，Agent 可能处于由多个 Agent 构成的社会环境中，拥有其他 Agent 的信息和知识，并能通过某种 Agent 通信语言与其他 Agent 实施灵活多样的交互和通信，实现与其他 Agent 的合作、协调、协商、竞争等，以完成其自身的问题求解或者帮助其他 Agent 完成相关的活动。

2. 自治性

在 MAS 系统中，一个 Agent 发出服务请求后，其他 Agent 只有同时具备提供此服务的能力与兴趣，才能接受动作委托。因此，一个 Agent 不能强制另一个 Agent 提供某项服务。

3. 协作性

在 MAS 系统中，具有不同目标的各个 Agent 必须相互工作、协同、协商未完成问题的求解。

第四节　MAS 体系结构

MAS 的体系结构是指 MAS 中 Agent 间的信息关系和控制关系，以及问题求解能力的分布模式，它是结构和控制的有机结合，是提供 Agent 活动和交互的框架。

一、MAS 基本结构

从运行控制的角度看，MAS 的基本结构可以有三种形式：集中式、分布式和混合式，其中混合式又可以分为两种形式，如图 2-5 所示，其中●代表管理服务机构，○代表 Agent 成员。

1. 集中式结构

如图 2-5(a)所示，将系统分成多个组，每个组采取集中式管理，即每一组 Agent 提供一个具有全局知识的控制 Agent，通过它来实现多 A-gent 合作的局部控制，如任务规划和分配等，并且由一个消息传递 Agent 来承担消息传递任务，而整个系统采用同样的方式对各成员 Agent 组进行管理。集中式能保持系统内部信息的一致性，实现系统的管理、控制和

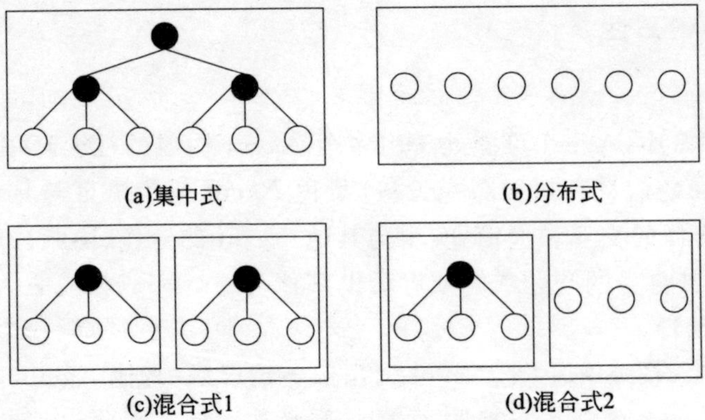

图 2-5　MAS 的结构形式

调度较为容易。此方式的缺点是:随着各 Agent 复杂性和动态性的增加，控制的瓶颈问题也愈加突出;一旦控制局部或全局区域的管理 Agent 崩溃,将导致整个区域或系统崩溃。

2. 分布式结构

如图 2-5(b)所示,各 Agent 组之间和组内各 Agent 之间均为分布式结构,各 Agent 组或 Agent 无主次之分,处于平等地位。Agent 是否被激活以及激活后做什么动作取决于系统状况、周围环境、自身状况以及当前拥有的数据。此结构中可以存在多个中介服务机构,为 Agent 成员寻求协作伙伴时提供服务。这种结构的优点是增加了灵活性、稳定性,控制的瓶颈问题也能得到缓解,但仍有不足之处:因每个 Agent 组或 Agent 的运作受限于局部和不完整的信息(如局部目标、局部规划),很难实现全局一致的行为。

3. 混合式结构

如图 2-5(c)和图 2-5(d)所示,一般是由集中式和分布式两类结构组成,它包含一个或多个管理服务机构,此机构只对部分成员 Agent 以某种方式进行统一管理,参与解决 Agent 之间的任务划分和分配、共享资源的分配和管理、冲突的协调等。其他成员之间是平等的,它们的所有行为由自身作出决策。此种结构平衡了集中式和分布式两种结构的优点和不足,适应分布式 MAS 复杂、开放的特性,因此是目前 MAS 普遍采用的系统结构。

二、MAS系统求解机制

MAS系统的问题求解是系统中多个自主 Agent 彼此间的交互作用的结果，MAS 系统中各 Agent 相互合作的形式有任务共享和结果共享等。任务共享对任务进行适当分解，单个 Agent 以最少的通信与全局同步信息完成子问题求解；结构共享是 Agent 之间通过共享部分的结果相互合作。

(1)面向共同目标的问题求解。多个 Agent 共同完成目标的效用大于独立完成的效用时，多个 Agent 合作求解。

(2)面向不同目标的问题求解。各 Agent 的目标不同，每个 Agent 难以独立完成自己的目标而将部分或全部委托给他人完成的效用大于独立完成的效用时，相互委托求解。

(3)组模型。面向共同目标的 Agent 之间以“Teamwork”的形式合作求解。基于联合意图与联合规划理论的组工作模型 STEAM，由组状态与组算子组成。组状态描述组构成情况，组算子是对一个联合行动的联合承诺。

(4)联盟形式。以对策论的 N 个人合作为理论基础，将一群无联系的 Agent 分成多个有联系的 Agent 联盟，每个联盟视为一个完成一组任务的 Agent 组织。

(5)协商。通过一定的协商策略形成对问题的一致性意见。协商中追求自己意见的影响力，从而得到对自己有利的结果。

三、MAS系统交互机制

MAS 研究在物理或逻辑上分离的多 Agent 之间协调彼此的知识、目标、规划、意图等，以便联合采取行动或求解问题。MAS 中每个 Agent 是自主的，并可能执行某个任务，但它具有便于其他 Agent 访问的开放式接口，从而可以执行多个目标。MAS 中 Agent 之间进行社会性交互，包括多 Agent 协作、多 Agent 协调与多 Agent 协商等。

多 Agent 协调指具有不同意图的多个 Agent 通过协调各自行为，对目标、资源进行合理安排，实现个体与群体目标。多 Agent 协作指多个 Agent 合作完成共同目标。多 Agent 协商指多个 Agent 就一项动作进行冲突消解。

多 Agent 之间的交互是知识层的交互，这种涉及何时、由谁遵循哪些目标的交互是在知识层进行的，不同于在句法层进行的方法引用或函数调用。

四、Agent 之间的通信

在开放的 MAS 系统中，通讯是 Agent 之间最重要的交互手段，有关 Agent 通讯问题的分析和建模一直是 MAS 理论研究中的核心问题之一。Agent 通讯的理论研究基于语言行为（Speech Act）理论。语言行为理论的基本观点是认为通讯也是一种行为，就和一般的动作一样。通讯行为也是一种意图行为，行为发起者的意图是引起通讯双方的精神状态的改变。在 Multi-Agent 系统中，Agent 的通讯行为和一般行为一样可能失败。例如：通讯行为 Agent 不适合、消息未正确发出、通讯接收者控制自己的精神状态使之不按通讯发起者的意图改变等等。

对语言行为理论的研究集中在对各种语言行为的分类上。有代表性的分类是将语言行为分为表达型和命令型。在 MAS 的理论研究中，语言行为理论的最重要应用是 Agent 通讯语言（Agent Communication Language，ACL）的开发。最著名的 ACL 语言是在 ARPA 的知识共享项目研制中提出的。目前 ARPA 开发了知识查询和操作语言 KQML 和知识交互格式 KIF。

第五节　决策支持系统(DSS)与智能决策支持系统(IDSS)

一、DSS 基本结构及早期 IDSS 体系结构

DSS 的基本结构概括起来分为两大类。一类是基于 X 库的框架式结构，以各种库及管理系统作为 DSS 的核心。另一类是 Bonczek 型的基于知识的框架结构，以问题处理子系统作为系统的主要部分。

1. 基于 X 库的 DSS 体系结构

基于 X 库的体系结构见图 2-6。

两库结构的 DSS 系统由数据库子系统，模型库子系统和对话子系统构成。数据库子系统包括数据库和数据库管理系统，通过对数据的分析

得到 DSS 所需要的内部数据；模型库子系统是决策支持系统的核心，包括模型库和模型库管理系统，支持模型的管理和各种分析和运算，将数据转变为有意义的信息；对话子系统为 DSS 的人机接口。

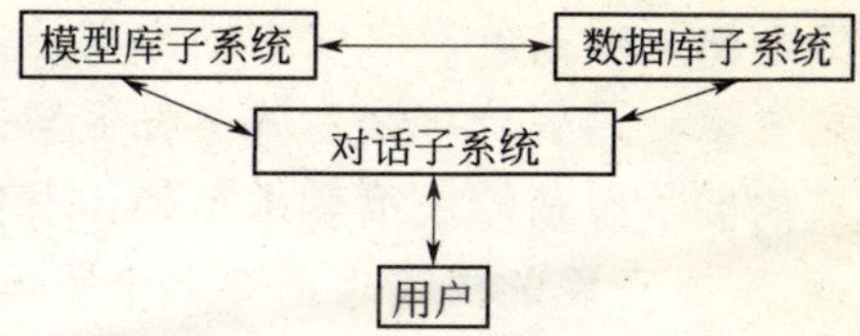

图 2-6　两库结构框图

在两库结构影响下，相继出现了三库、四库等多库的结构模式。这种 X 库的结构在系统中是一种组合关系。由于各自内部的逻辑结构不同，不利于耦合方式紧密的协同工作。但因为对于各库的研究均有一定的基础，尤其是数据库和数据仓库的发展使得直接利用 SQL 语言对数据析取、利用 OLAP 对数据进行分析有了可能，因此，这种多库结构仍然是常用的 DSS 基本结构。

2. 基于知识的 DSS 体系结构

基于知识的体系结构如图 2-7 所示。它包括语言子系统、知识库子系统和问题处理子系统，其中问题处理子系统是 DSS 的核心部分，它可以处理信息收集、问题识别、建模、分析等任务。基于知识的体系结构，将问题领域的相关事实、经验知识以及表示模型的过程性知识看作是广义的知识模式，因而具有统一的逻辑结构，作为 IDSS 的主流趋势仍在不断完善中。

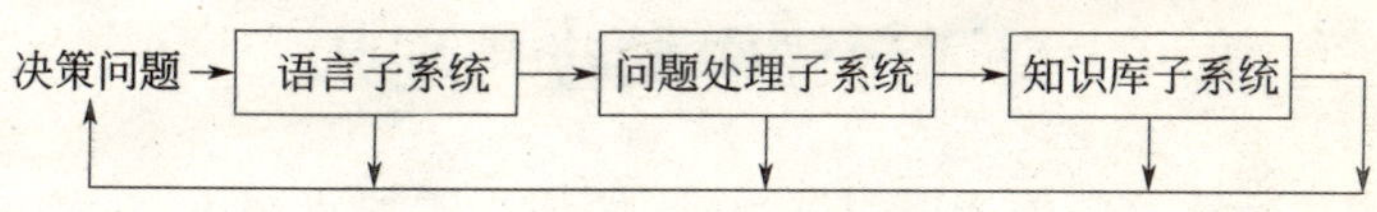

图 2-7　基于知识的 DSS 体系结构

3. 早期 IDSS 体系结构

早期的 DSS 大多用于个人决策支持，功能较为单一，智能程度较低，所能支持的决策通常是一个层面、某个个人的。因此系统一般是集中式、单一层次的。其结构可选用上述两种基本 DSS 结构之一。

二、基于多 Agent 的分布式决策支持系统体系结构

大规模的管理决策活动不可能也不便于用集中方式进行，分布式决策支持系统是实现此类决策的必然选择。从客观上看很多活动涉及许多承担不同责任的组织单元和决策者，决策过程必需的信息资源或某些重

要的决策因素分散在较大的活动范围内。决策的两个要素，决策者和决策对象均具有分布性。从主观角度看，在知识经济时代，生产和市场的特点决定了单独的决策者由于知识和能力的限制，无法胜任复杂的决策任务，科学正确的决策也需要多个决策者协同进行工作。

多 Agent 系统恰恰适于求解功能或地理上分布的复杂问题，而它的协作策略和冲突的引发、消解策略也可胜任协同工作的要求。基于多 Agent 的分布式 DSS 体系结构中各个 Agent 实体之间相互联系，协同工作，Agent 之间的协作方式可以采用传统的请求/服务方式，或者主动合作方式。前者由一个 Agent 向另一个 Agent 提出服务请求，另一个 Agent 向这个 Agent 提供服务，这种方式简单，但通讯量大，智能性较差。而后者，多个 Agent 之间能够相互通信，不必送出请求，负责某项功能的 Agent 能主动将它认为对其他 Agent 有用的信息送出，具有较强的智能，因而被广泛采用，但每个 Agent 的协调机制却较为复杂。为了增强协同工作能力，可以采用辅助手段，例如共享黑板。共享黑板是一种平行信息共享数据结构。Agent 可以从黑板上读取其他 Agent 的求解信息，或作出评价，或发出询问，或进行讨论，以相应修改自己的求解结果。

第六节 Agent 与多 Agent 技术在交通运输中的应用现状

Agent 计算之所以能引起重视，我们认为有三点理由：一是表达能力强，如描述一场足球比赛，从赛场、足球、大门、运动员到比赛规则都可容易表示为各类 Agent，这是其他熟知方法所不及的。二是求解机制灵活，不限于单纯的逻辑推理和中心控制方法。三是推理的格局引入了精神状态（信念、愿望、意图、承诺、能力等等），将人工智能技术扩充到更广泛的领域中。

由于交通控制系统拓扑结构的分布式特性，尤其是对于交通事故等突发事件下的交通控制，采用 MAS 的分布式处理和协调技术更为适合。基于 MAS 的交通控制主要包括城市交通控制、飞行交通控制、铁路交通控制和海洋交通控制。以城市交通为例，有未来汽车 MAS 联运系统；有采用增量相互学习方法来协调交叉路口的两个控制器；有交通网络的分级结构。以汽车行驶路径规划为例，有汽车行驶路线规划的方法；有分布式路径指引的智能体系统，利用 MAS 的协调技术，支持最短路径的规划，产生汽车行驶的最佳轨迹，该系统分为 8 个智能体，每个智能体具有不同的能力。还有用 MAS 技术进行交通控制协调、运输调度计划等方面的研究，建立了交通控制和运输调度的 MAS 模型。

因此，Agent 及多 Agent 技术作为一种新的系统建模工具、一种新的有效的分布式求解工具以及一种新的信息系统框架，已经在交通运输领域取得了一定的成果。但是，目前还未见到有关 Agent 这一具体的词汇在车流预测中的具体理论及应用方面的研究成果的报道。传统的车流预测方法是通过建立数学模型进行研究的，难以对动态变化的车流进行准确的预测。随着信息基础设施的逐步建立和完善，运输部门对于车流预测过程的智能性、交互性和及时性以及车流预测数据的准确性、可靠性提出了更高的要求，而 Agent 自身具有的自治性、社会性、适应性及智能性等人类的特性正好可以满足这一需求。

第三章　滚动式智能车流预测总体结构分析

本章分析滚动式智能车流预测的总体结构，其中包括进行三级车流预测所需的数据源、总体结构、总体处理流程以及三级车流预测与货车追踪系统和调度系统之间的关系，这是研究智能车流预测理论和方法的基础。

第一节　数据源分析

滚动式智能车流预测以货车追踪系统信息、确报信息、车站上报系统信息和邻局交出车流信息为基础数据，结合运货五、车流径路和列车运行时刻表，以 3 h 为间隔，滚动推算 6 h、9 h 直至 24 h 内的车流，自动生成运调 11（含编组站、区段站和中间站）和运调 20；然后，扩充到推算全路未来 1 周的车流。该方法可对未来 7 日的全路车流分布进行预测，模拟未来 7 日内任意时刻、任意区段或车站的现场以及分界口交接情况，辅助编制日班计划和阶段计划。

所需数据源简单介绍如下：

(1)货车追踪动态库。记录局管内当前每个车辆位置、车辆状态和方向/车种信息等，用于推算管内在站在途的车流。其中车辆位置和车辆状态记录车辆是在站在途，对在站车辆，记录了在哪个车站，到站出站的时间，当前是什么状态（到达、在卸、在装、出发、检修、保留、备用等）；对在途车辆，记录了在哪个运行区段，是空还是重，车辆的到发站等。

(2)货车追踪轨迹库。记录局管内每个车辆的运行轨迹，这些轨迹包括车辆的新车加入、旧车报废、到站、出站、装车、卸车、运非转换、经过分界口等信息。用于根据车辆历史推算新的轨迹。

(3)运调 20。记录相邻局分界口交换的列车信息，用于初始化每个分界口的到达计划。

(4)确报。记录每个车次的编组和出发信息等，用于预测到每个分界口的时间和推算卸车计划。

(5)运货五。运货五包括日请求车、日承认车和实际装车等信息,用它作为装车计划。

(6)运行图。运行图包括基本图和实际图,它描述了车辆计划运行和实际运行信息,用它来推算车次应该出发的时间,统计线路的使用情况。

(7)编组计划。描述计划开行的列车及其编组,用它来推算应该出发的车次和时间、车流来源。

(8)分界口排空计划(技术计划)。描述了铁道部下达的分界口排空计划,规定了每个分界口到达或必须排出的空车,对掌握空车车流必不可少。

第二节　三级车流预测总体结构

铁道部、铁路局和车站三级车流预测的总体结构示意图如图 3-1 所示。

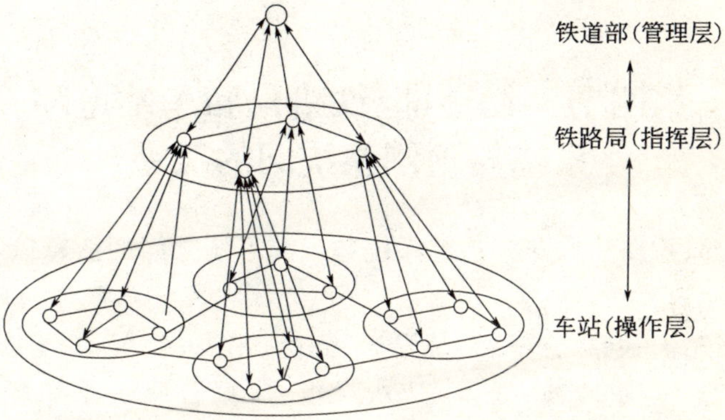

图 3-1　三级车流预测 Agent 之间的层次关系示意图

在此结构中,为了达到三级车流预测目标,铁道部、铁路局和车站之间的车流信息交换过程如下:

(1)铁道部调度对铁路局调度下达宏观指导性信息如轮廓计划、限制口车数及停限装命令等。

(2)根据如上信息,铁路局调度作出分界口计划交接车数、预计装卸车数上报铁道部。

(3)铁道部调度权衡全部铁路局上报车流情况后将最终车流计划下发给各铁路局调度。

(4)铁路局调度根据部调度的计划要求编制铁路局车流日班计划、阶段计划和调整计划并将这些信息下发给管内各车站。

(5)车站调度接收铁路局调度的信息并向铁路局调度上报车站修改计划、到发车流报点以及站存车信息。

(6)铁路局之间相互交换分界口车流信息,车站之间相互交换落实的阶段计划信息。

第三节　总体处理流程

三级车流预测总体处理流程如图 3-2 所示。

车流预测过程中,逢 18 点推算 3 h 阶段计划、班计划、日计划和 2～7 日计划;逢 6 点推算 3 h 阶段计划和班计划;其他时间只推算 3 h 阶段计划。

第四节　铁道部、铁路局和车站追踪系统与预测系统间的关系

铁道部、铁路局和车站追踪系统与预测系统之间的信息传递如图 3-3 所示。

(1)车站向铁路局追踪系统发送"到达、出发、装车、卸车、新车加入、报废车剔除、运非转换、保留车"八大报告,报告反映了车辆的位置和状态。

(2)铁路局追踪系统根据八大报告不断修改系统的动态库和轨迹库,记录局管内每个车辆的实时状态和运行轨迹,并把重要节点上的八大报告转到铁道部。

(3)铁道部追踪系统根据八大报告不断修改系统的动态库和轨迹库,记录全路每个车辆的实时状态和运行轨迹,如果它发现铁路局追踪系统有该报的跨分界口车站的信息没报,它会将跨口信息返回到铁路局追踪系统。

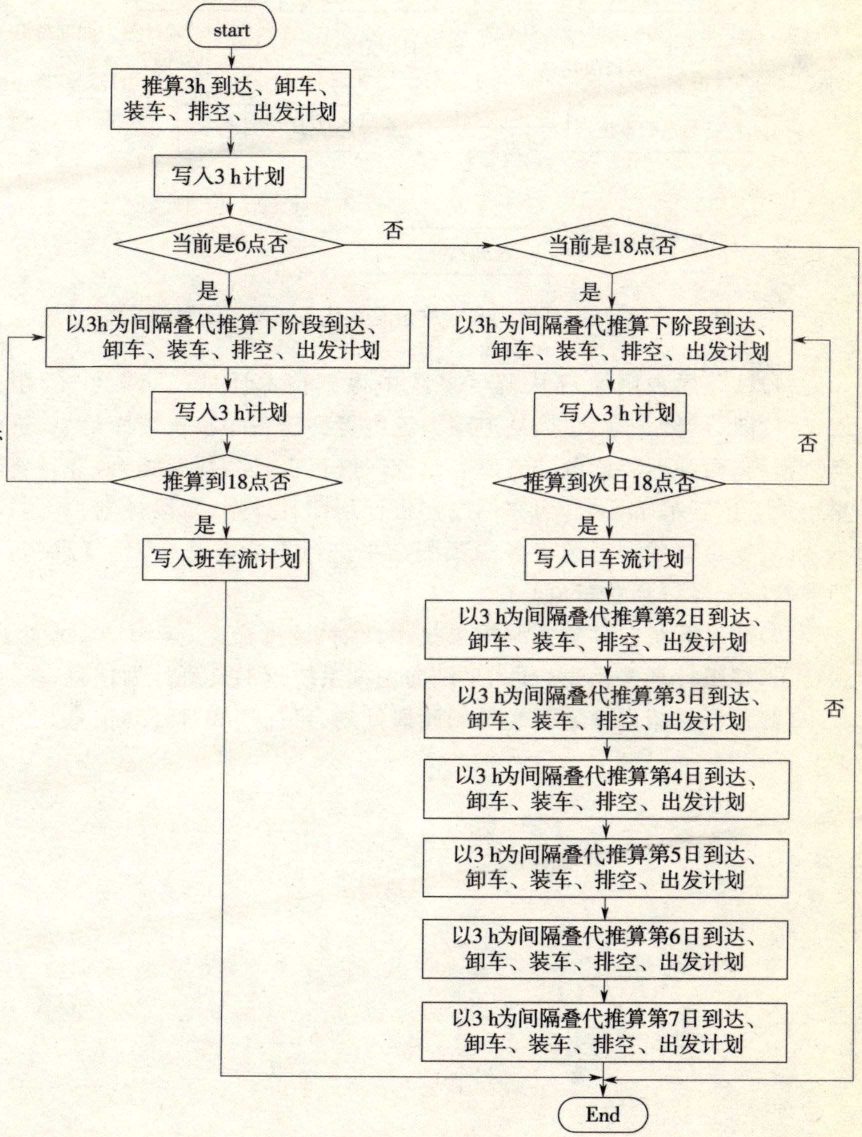

图 3-2　系统总体处理流程图

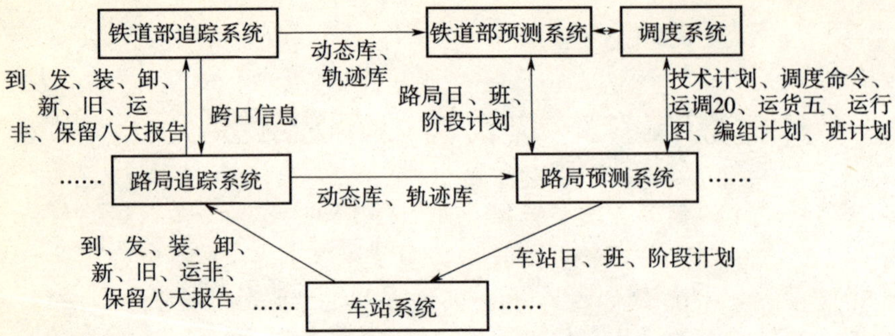

图 3-3 铁道部、铁路局和车站追踪系统与预测系统间的关系

(4)铁路局预测系统从调度系统中得到技术计划、运调 20、编组计划、运行图、运货五等信息,从追踪系统中得到动态库和轨迹库信息,进行车流预测,而且不断读取动态库和轨迹库修正自己的预测结果,并且将预测结果下达到车站系统,为车站编制班计划和日计划、阶段计划。

(5)铁道部预测系统将各局预测结果进行不断的选代,反复求精,得到准确的分界口到达车流。

(6)调度系统向预测系统提供技术计划、调度命令、运调 20、运货五、运行图、编组计划等信息,预测系统向调度系统返回日班计划信息。

(7)预测系统向车站系统返回阶段计划、班计划和日计划信息。

第四章 滚动式智能车流预测方法

传统的车流预测方法是根据铁道部下达的车流计划，在铁路局推算未来 12 h 的车流，从而形成具有指导意义的班计划，车站则根据班计划制定 3 h 阶段计划，因此存在班计划兑现率低，人员浪费等问题，而且不利于实现集中调度。本章所提出的滚动式车流预测方法，以 3 h 为间隔滚动推算车流，能有效克服上述弊端。本章主要对车流预测问题进行形式化描述，并就 3 h 车流预测流程以及其中每一模块的具体算法进行研究。

第一节 车流预测问题的形式化描述

一、基本定义

到目前为止，车流预测问题没有在理论上形成一个系统的整体，因此，本节就这一问题的形式化做一些基础性的工作。形式化的目的并不是简单的符号化，而是为更高层次上的探讨做理论上的准备。

定义 1：路网为一无向网 $G=\{S,E,C,I,L\}$，如图 4-1 所示，由若干子网构成。S 为节点集合，E 为边集合，C 为边的权值集合，I 为节点的容量集合，L 为边的容量集合。

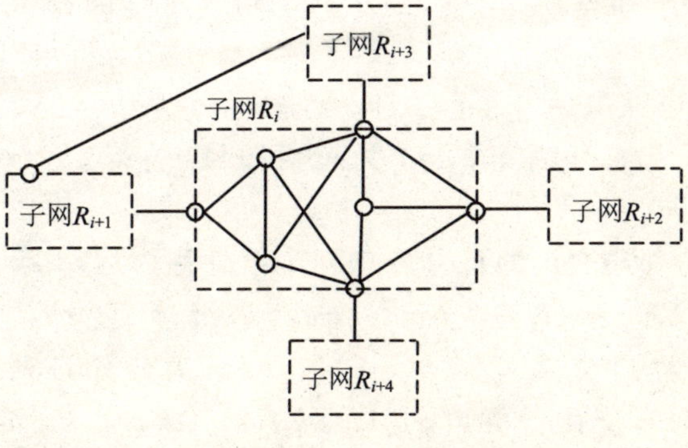

图 4-1 路网形式化示意图

定义 2:路网 G 中所有子网的集合称为铁路局集,记为 R,即 $R=\{r_i \mid i\in N\}$,N 为自然数集合。

定义 3:路网 G 中任一子网所有节点的集合称为车站集,记为 S,即 $S=\{s_{ij}\mid i\in N,j\in N\}$,$s_{ij}$ 表示铁路局 r_i 管内 j 车站。

定义 4:路网 G 中相邻子网之间分界节点的集合称为分界口集,记为 F,即 $F=\{f_{ik}\mid i\in N,k\in N\}$,$f_{ik}$ 表示铁路局 r_i 与邻局的 k 分界口。

定义 5:路网 G 中任一子网的所有边集合称为区段集,记为 E,即 $E=\{e_{iv}\mid i\in N,v\in N\}$,其中 e_{iv} 表示铁路局 r_i 管内 v 区段。

定义 6:路网 G 中任一子网所有边权值的集合称为区段走行时间集,记为矩阵 C,该矩阵具有如下性质:

$$C[i,j]=\begin{cases}t_{iv},E_{iv}\in E\\ \infty,\text{其他情况}\end{cases}$$

其中 t_{iv} 表示区段 e_{iv} 的上行/下行走行时间。

定义 7:路网 G 中任一节点的容量集合称为 t_m 时刻的站存车,记为 I,即 $I=\{I_z\mid I_z=(s\_id,c\_id,c\_state,c\_dir,c\_kind,c\_flag,c\_lst\_sta)_z\}$,其中,$I_z$ 为车辆 z,s_id 为车站编号,c_id 为车号,c_state 为车辆状态,c_dir 为车辆去向,c_kind 为车种,c_flag 为车辆空/重标志,c_lst_sta 为车辆到站。

定义 8:路网 G 中任一边的容量集合称为 t_m 时刻的在途车,记为 L,即 $L=\{L_x\mid L_x=(e_{iv},l\_id,l\_dep\_time,l\_dep\_sta,l\_type,l\_cur\_sec,l\_brk\_sta)_x\}$,其中,$L_x$ 为列车 x,e_{iv} 表示运行区段,l_id 为列车车次,l_dep_time 为列车发站,l_dep_sta 为发站发车时间,l_type 为列车类型,l_cur_sec 为列车当前所在区段,l_brk_sta 为列车解体站。对任一列车 L_x,$L_x=\{C_u\mid C_u=(c\_squ,c\_id,c\_kind,c\_flag,c\_lst\_sta)_u\}$,其中,$C_u$ 为列车 L_x 上的车辆 u,c_squ 为车辆顺位,c_id、c_kind、c_flag、c_lst_sta 含义同定义 7。

定义 9:由邻局交出的日分界口列车信息称为运调 20,记为 YD,即 $YD=\{YD_h\mid YD_h=(l\_id,l\_hand\_time,l\_hand\_f,l\_type,l\_brk\_sta)_h\}$,其中,$YD_h$ 为分界口交出列车 h,l_hand_time 为分界口列车交出时间,l_hand_f 为列车交出分界口,l_id、l_type、l_brk_sta 含义同定义 8。任一列 YD_h 的定义同定义 8 中 L_x,故略。

定义 10:向前方车站预报的列车信息称为确报,记为 QB(形式同定义 8 中的 L)。

定义 11:表示列车在铁路各区间运行时间及在各车站停车和通过时间的线条图称为列车运行图,记为 YXT,即 $YXT=\{D_y \mid (l\_id, l\_s, l\_arr\_time, l\_dep\_time)\}$ 其中,D_y 为运行线 y,l_id 为列车车次,l_s 为该列车经由车站,l_arr_time 为到达该站的时间,l_dep_time 为离开该站的时间。

二、车流预测问题建模分析

车流预测问题的实质是建立推算时段内任一时刻列车及车辆在路网空间的分布情况,是具有典型时空特征的混杂系统,本节运用自动机理论对该问题进行形式化,建立的自动机模型如下:

$$M=(Q,\Sigma,\delta,q_0,FS,O)$$

其中,Q 是有限状态集,$Q=\{F',F'',E,C\}$。F' 表示接入分界口集合;F'' 表示交出分界口集合;E 表示区段集合;C 表示车站状态集合,$C=\{c^i_{jc}, c^i_{dj}, c^i_{db}, c^i_{dx}, c^i_{dz}, c^i_{kc}, c^i_{zc}, c^i_{df}, c^i_{bb}, c^i_{jx}\}$,集合内元素分别表示 i 车站的接车、待解、待编、待卸、待装、空车、重车、待发、保留/备用、检修状态。F、E 定义见前定义 4 和定义 5。

Σ 是输入集合,$\Sigma=\{A, I_s, L_s, \{\langle e_i, t^e_i\rangle\}, \{\langle s_i, t^w_i\rangle\}, t_s, t_f, YXT\}$。其中 A 是事件有限集,$A=\{A_1, A_2, A_3\}$,$A_1=\{a_{yx}\}$,a_{yx} 是运行事件,$A_2=\{a_{dd}, a_{cf}\}$,集合中元素表示到达和出发事件,$A_3=\{a_{jr}, a_{jc}, a_{jt}, a_{bz}, a_{qc}, a_{bc}, a_{pk}, a_{zc}, a_{xc}, a_{sc}, a_{gc}, a_{jj}, a_{wt}\}$,集合中元素分别表示接车、检查、解体、编组、取车、送车、排空、装车、卸车、甩车、挂车、解保/解备、等待事件;I_s 是推算起始时刻的站存车,L_s 是推算起始时刻的在途车,包括管内在途车和外局在推算时段内能够到达的在途车;$\{\langle e_i, t^e_i\rangle\}$ 表示区段走行时间集合,t^e_i 是区段 e_i 的走行时间;$\{\langle s_i, t^c_i\rangle\}$ 是车站平均作业时间集合,t^c_i 是车站 s_i 作业(即事件)c 的平均时间;t_s 是推算开始时间,t_f 是推算结束时间。

δ 是 M 的状态转换函数,状态转换如图 4-2 所示。

q_0 是初始状态,$q_0=f'_{ik}\in F'$。

FS 是终止状态集,$FS=\{f''_{ik}\}$,$f''_{ik}\in F''$。

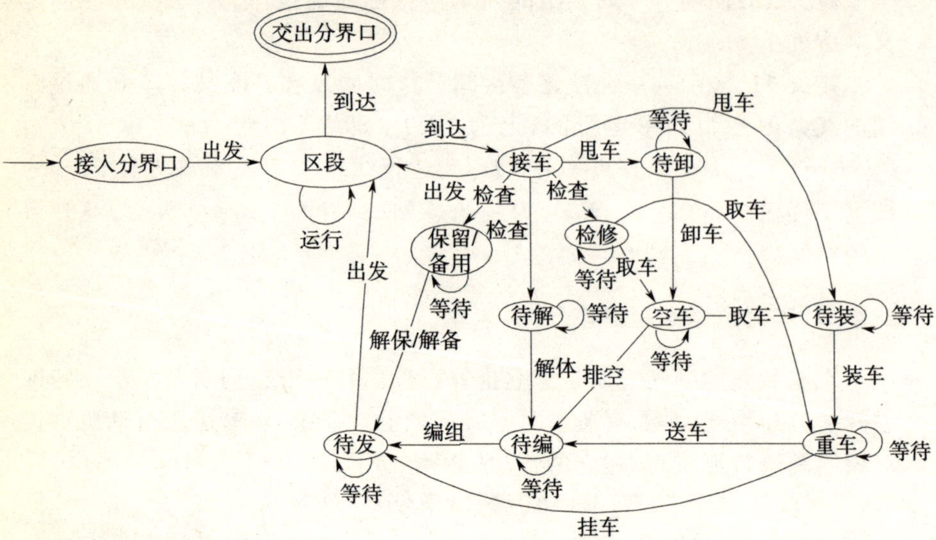

图 4-2 状态转换图

O 是输出集合，$O=\{I_f,L_f\}$，I_f 是推算结束时刻的站存车集合，L_f 是推算结束时刻的管内在途车集合，这两个集合可以明确表示出推算结束时刻管内车流分布情况。

管内推算结束时刻的车流为：

$$I_f \cup L_f = (I_s \cup L_s \cup L_i) - L_o$$

式中，L_i 为进入分界口的车流；L_o 为交出分界口的车流。

欲求得车流分布情况，我们来推算列车/车辆下一时刻的位置和状态。

$$位置：p_i = \int_{t_0}^{t_i} v(t)\,\mathrm{d}t$$

$$状态：q_i = \delta(q_{i-1}, a, t)$$

式中，t_0 是进入区段的时间；t_i 是当前时间；q' 是上一状态；a 是事件；t 是时间。

(1) $\forall a$，当 $a \in A_1$ 时，列车在区段上运行，位置为 $p=\int_{t_1}^{t_p} v(t)\,\mathrm{d}t$，其中 $v(t)$ 为速度函数，状态不发生变化。

(2) $\forall a$，当 $a \in A_3$，车辆在车站进行作业，状态为 $q = f(q', a, t)$。

边界条件：

(1) $\forall a$，当 $a = a_{dd} \in A_2$ 且 $q' \in E$ 时，$q = c_{jc}^i \in C$，$p = \int_{t_0}^{t_1} v(t)\mathrm{d}t$。发生区段到车站的状态转换，位置为到达车站。式中 t_1 为离开区段(到达车站)的时间。

(2) $\forall a$，当 $a = a_{cf} \in A_2$ 且 $q' \in C$ 时，$q \in E$，$p = p_0$。发生车站到区段的状态转换，位置为区段的起点 p_0，状态为运行。

第二节　车流预测流程

在系统总体结构图中，以 3 h 为间隔对车流进行预测，包括到达计划、卸车计划、空车分布、装车计划、车流推算、出发计划及分界口交出车流推算等几部分，推算过程如图 4-3 所示(考虑到铁路局推算涉及的推算功能较全，因此上图以铁路局车流推算过程进行说明，其中涵盖了铁道部和车站的车流推算流程)。

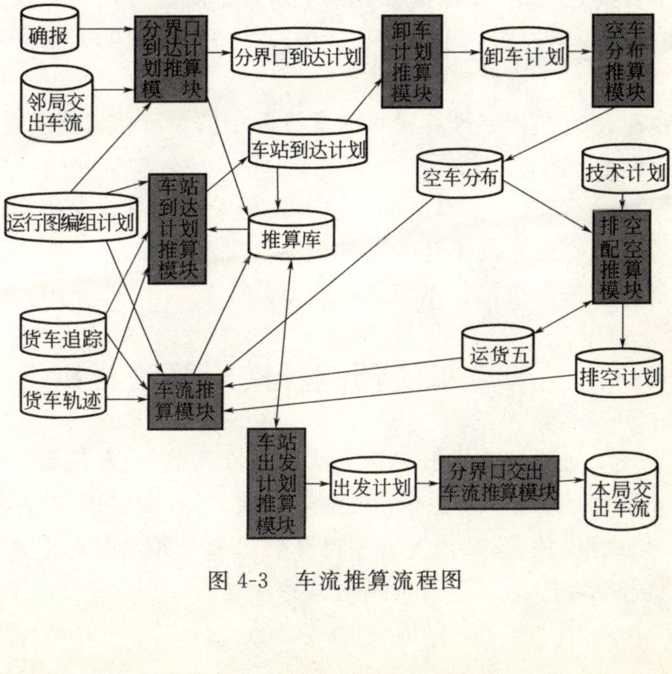

图 4-3　车流推算流程图

推算可分四部分：

(1)列车从分界口到达时，对到达整列车的所有车辆进行平行推算。

(2)做完装车计划后，对单个车辆进行推算，这时，具体装哪辆车、出发哪辆车是不确定的，可以先推算，然后，再根据第 4 步做调整。

(3)车从编组站出发时，对集结好列车的所有车辆进行平行推算。

(4)根据追踪库进行推算，对于装车按实际车辆的走行调整，对在站车按单个车辆进行调整，对运行车按整列车所有车辆进行调整。

具体推算过程如下：

(1)列车从分界口到达时，对到达整列车的所有车辆进行平行推算，得到分界口到达计划，写入推算库。

(2)车站到达计划推算模块根据运行图和编组计划推算得到车站到达计划。

(3)根据车站到达计划，结合列车编组内容，得到车站卸车计划。

(4)空车分布推算模块得到空车在各车站的分布情况。

(5)根据空车分布情况和请求车信息，由排空配空推算模块得到装车计划和排空计划。

(6)根据前述结果，由车流推算模块预计本阶段可以到达技术站待编的方向别重车和车种别空车信息和各中间站装好待挂的方向别重车和车种别空车信息，写入推算库。

(7)由车站出发计划推算模块对推算库中的车流信息进行推算，形成车站出发计划。

(8)根据运行图，对推算出的车站出发列车由分界口交出车流推算模块进行推算，得到推算局推算阶段的分界口交出车流。

(9)根据追踪库对推算车流进行调整。

第三节　车流预测各模块算法分析

如上所述，车流预测有分界口到达计划推算模块、车站到达计划推算模块、卸车计划推算模块、空车分布推算模块、排空配空模块、车流推算模块、超能力预警模块、车站出发计划推算模块和分界口出发车流推算模块等 9 个子模块，本节后续部分分别对其算法进行分析。

一、分界口到达计划推算模块

分界口到达计划推算模块的功能是生成该阶段分界口 f_{ik} 到达计划($FAP_{ik}[T_0, T_n]$),由运调 20 和确报确定在推算时段内可以到达分界口的整列车的车流,将其从运调 20 和确报中剔除,并写入该阶段分界口到达计划和推算库 $T\_PR[T_0, T_n]$,超出推算时段的车流转下一时段处理。推算过程如图 4-4 所示。

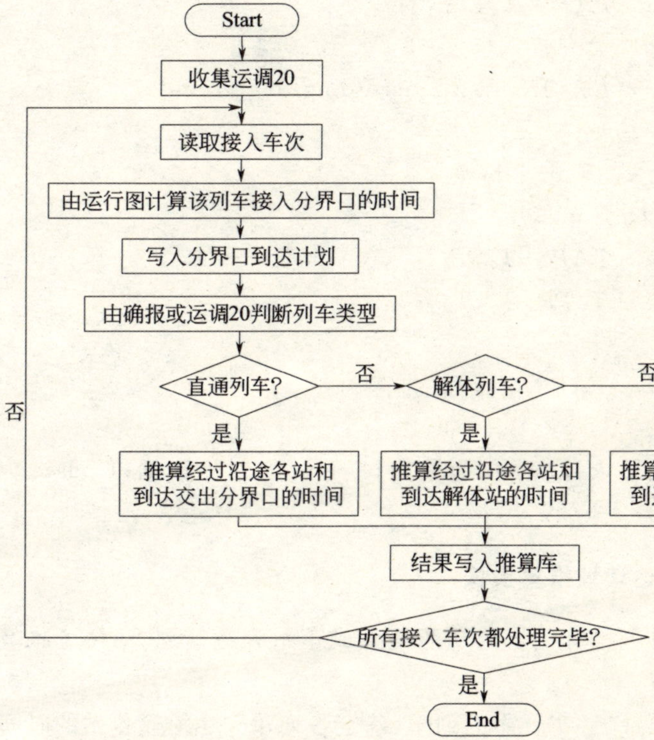

图 4-4 分界口到达计划推算过程

算法 1:

Input: YD, QB, YXT

Output: $FAP_{ik}[T_0, T_n], T\_PR[T_0, T_n]$

begin

```
∀ l_id ∈ YD
  t = l_hand_time;
  If   t ∈ [T0, Tn]   then
    Delete YDh from YD;
    Update   FAPik[T0, Tn];
    Update   T_PR[T0, Tn]   //改写 [T0, Tn] 时段的推算库
  Else
    Update   FAPik[Tn, Tn+1];
∀ l_id ∈ QB
  Fetch l_arr_time from YXT according to l_id and l_s;
  t= l_arr_time;
  If   t ∈ [T0, Tn]   then
    Delete Lx from QB;
    Update   FAPik[T0, Tn];
    Update   T_PR[T0, Tn];
  Else
    Update   FAPik[Tn, Tn+1];
end
```

注:Input 为输入;Output 为输出;Delete 为删除数据;Update 为改写数据。(下同)

二、车站到达计划推算模块

车站到达计划推算模块的功能是生成车站到达计划 SAP_{ij}。推算过程为:

(1)对 $FAP_{ik}[T_0, T_n]$ 中的列车,确定各列车到达沿途各站的时间。

(2)从在途车 L 中确定 l_cur_sec 在推算局内的列车,确定各列车从当前位置起到达沿途各站的时间。

(3)直通列车推算至交出分界口;解体列车推算至解体站,并对站存车和在途车分别进行修改;摘挂列车推算至终到站(管内摘挂列车)或分界口(跨局摘挂列车),并修改摘挂车站的站存车和摘挂列车的编组内容。以上三种情况在推算过程中若时间超出本阶段,可根据具体时间写入相

应阶段到达计划。推算过程如图 4-5 所示。

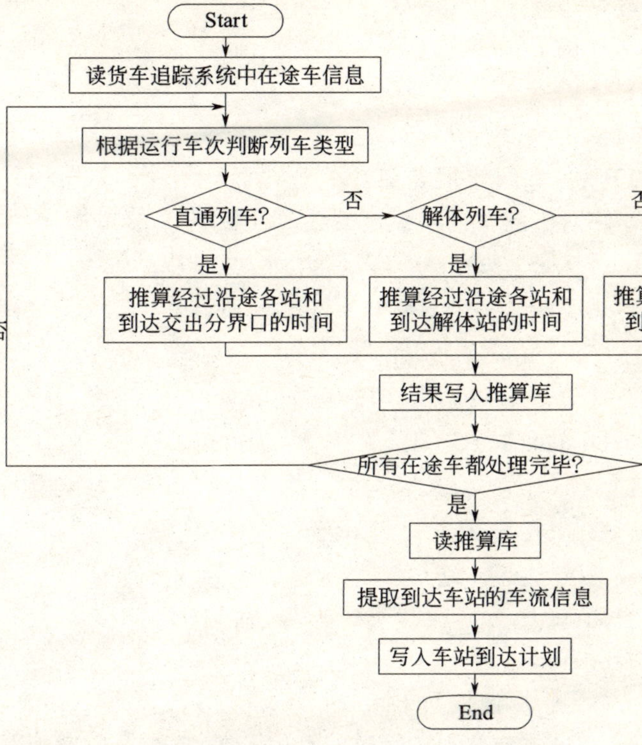

图 4-5　车站到达计划推算过程

算法 2:

Input：$FAP_{ik}[T_0, T_n], L, YXT$

Output：$SAP_{ij}[T_0, T_n], T\_PR[T_0, T_n]$

begin

　$\forall\, l\_id \in FAP_{ik}[T_0, T_n] \cup L$

　Switch(l_type)

　　{case　'ZZ'：　//直通列车

　　　$\forall\, s_{ij}$ //直通列车经过的管内各车站，L 中列车由当前区段开始推

　　　　Fetch l_arr_time from YXT according to l_id；

```
        If l_arr_time ∈ [T_0, T_n] then
          Update SAP_ij[T_0, T_n];
          Update T_PR[T_0, T_n];
        Else
          Update SAP_ij[T_n, T_n+1];
    case 'JT': //解体列车
      ∀ s_ij    //对于解体列车经过的管内各车站,一直到解体站
        Fetch l_arr_time from YXT according to l_id;
        If s_ij ≠ l_brk_sta    then
          If l_arr_time ∈ [T_0, T_n] then
            Update SAP_ij[T_0, T_n];
            Update T_PR[T_0, T_n];
          Else
            Update SAP_ij[T_n, T_n+1];
        Else //到达解体站
          Update L;
          Update I;
    case 'ZG': //摘挂列车
      ∀ s_ij    //对于解体列车经过的管内各车站,一直到解体站
        Fetch l_arr_time from YXT according to l_id;
        If l_arr_time ∈ [T_0, T_n] then
          Update SAP_ij[T_0, T_n];
          Update T_PR[T_0, T_n];
        Else
          Update SAP_ij[T_n, T_n+1];
        If station s_ij has cars to detach or attach //若车站发生摘挂作业
          Update L;
          Update I; }
  End
```

三、卸车计划推算模块

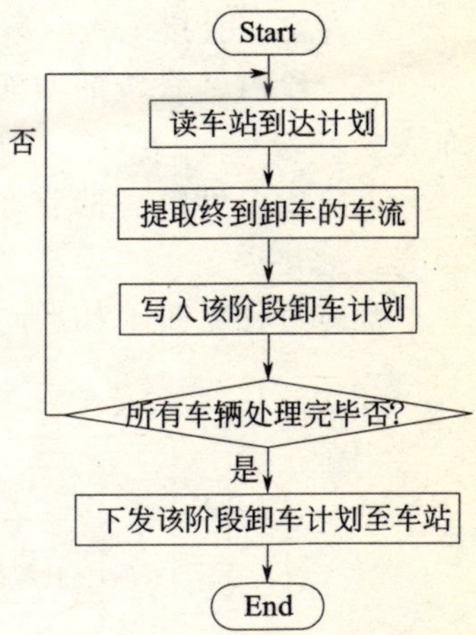

图 4-6　卸车计划推算过程

卸车计划推算模块的功能是车站到达计划 $SAP_{ij}[T_0,T_n]$ 中的到站卸车车流进行推算,根据卸车作业时间,推算得到卸空车的时间。卸车车流包括:到达编组站的卸车流;到达中间站的卸车流;分卸的车流;自装自卸的车流。推算过程如图 4-6 所示。

算法 3:

Input　$SAP_{ij}[T_0,T_n]$

Output　$ULP_{ij}[T_0,T_n]$

Begin

　$\forall SAP_{ij}$ //车站 s_{ij} 的到达计划

　Find c_id and c_arr_time according to ($s_{ij} = c\_lst\_sta$); //得到到站车辆的车号和到达时间

　$t_e = c\_arr\_time + t_x$; //计算得到卸空车的时间

　Update $ULP_{ij}[T_0,T_n]$

End

四、空车分布推算模块

空车分布推算模块的功能是根据卸车计划和到达计划,计算推算局可用于装车的空车资源分布情况,记入空车分布表 $EBT[T_0,T_n]$。

空车来源有如下几种:到达空车;卸空车;站存空车;修竣空车;解备空车。到达空车有三种情况,即随直通列车到达、随解体列车到达和随摘挂列车到达。其中随直通列车到达者不作为空车来源;其余两种均可视作空车来源,由到达计划得到空车车号及其成为空车源的时间,并将结果记入空车分布表。

根据卸车计划得到的卸空车时间由到达时间加车站卸车平均作业时间计算得出,将该阶段可得到的卸空车信息记入空车分布表。对要卸的车辆,检查它是否是检修车,是否有备用命令,如是,则要进行运非转换,并把它们从空车队列中剔除到非运用车队列。对于备用车检查解备的时间，将其中的空车加入到空车队列中。

站存空车直接记入空车分布表。

该阶段内可修竣的空车（来自检修车系统 *REP*）直接记入空车分布表。

该阶段内可解备的空车（来自备用车系统 *SPA*）直接记入空车分布表。

推算过程见图 4-7 所示。

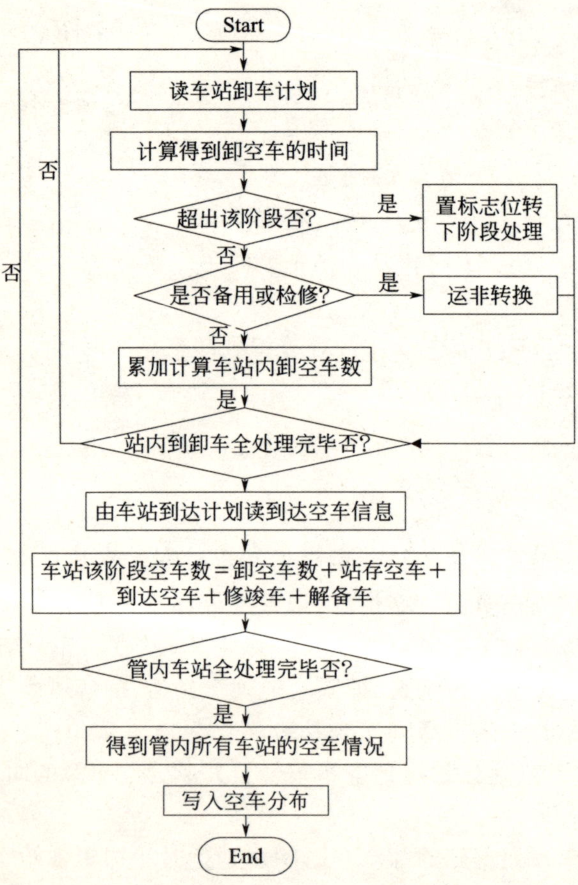

图 4-7　空车分布推算过程

算法4:

Input　$SAP_{ij}[T_0, T_n]$,$ULP_{ij}[T_0, T_n]$,I,$REP[T_0, T_n]$,$SPA[T_0, T_n]$

Output　$EBT[T_0, T_n]$

Begin

$\forall SAP_{ij}[T_0, T_n]$

Fetch *c_id* and *c_arr_time* according to *c_flag* is empty into $EBT[T_0, T_n]$　//到达计划中的空车源写入 *EBT*

　$\forall ULP_{ij}[T_0, T_n]$

　if *c_id* $\in$ *REP* or *SPA* then

　update　*c_state* = *UNUSED* //检修车和备用车改为非运用车

else

　Fetch *c_id* and t_e into $EBT[T_0, T_n]$ //卸车计划中的空车源

　$\forall$ *c_id* $\in REP[T_0, T_n]$ or $SPA[T_0, T_n]$

　if *c_state* $\neq$ *UNUSED*　then //车辆修竣或解备

　　Fetch *c_id* and t_r or t_s into $EBT[T_0, T_n]$ //修竣或解备车辆及其相应时间记入空车表

$\forall$ *c_id* $\in I$

Fetch *c_id* according to *c_flag* is empty into $EBT[T_0, T_n]$ //站存空车

End

五、排空配空推算模块

该模块将排空车看成是一种优先级最高的装车。其功能是根据运货五、调度命令、技术计划、空车分布、重点物资运输要求、保有量的要求和经济效益等信息，按里程最短、时间最少、效益最好等生成空车和排空配空之间的调配关系，其中排空车可以认为是分界口需要的空车。

排空配空的目的在于保证空车由卸车地返回装车地，从而保证运输过程的连续性并完成装车计划。排空配空方案优化与否不仅影响运营费用，也影响全路最小运用车数量的确定，将直接关系到铁路企业的运营效益，同时也间接影响到整个铁路网的社会效益。

1. 排空配空模型的建立

有关排空配空问题，很多学者进行了研究：

(1)用标号法在计算机上求解空车调整的线性规划问题。该方法的核心思想是找出原问题的等价问题，通过对等价问题的求解得出原问题的解。

(2)通过利用卸后空车对配空车问题进行优化研究，建立配空车问题的数学模型。

(3)两阶段多目标线性规划模型。该模型分为分局装车计划报告和空车流决策两个阶段，考虑了运输收入、空车走行距离和在途运行时间等因素，以及重车去向以及优先满足排空任务和重点物资需求等方面的要求。

本书建立了排空配空的分阶段优化模型，即由接入空车分界点开始，按照排空方向将路网节点划分入不同的阶段，按阶段以车公里数最小为目标逐一进行优化，各阶段的优化求解均利用前一阶段的优化结果，依次进行，从而得到整个路网的空车调整优化方案。该模型可显著压缩节点个数，减少计算时间和空间，提高运算速度，适用于路网节点数较多或较少的情况，可用于铁道部和铁路局。

将定义 1 中确定的路网具体化为图 4-8(a)所示的铁路网络系统，本路网(虚线框内)共有 7 个车站，其中 2 个车站为分界站，14 个区段，其中 7 个单线区段。将此路网系统转换成为图 4-8(b)所示的模型网络，表示为：$G=\{V,E,C,I,O\}$，其中，V 为节点集合，E 为有向边集合，C 为有向边的容量集合，I 为节点的接入容量集合，O 为节点的发出容量集合。

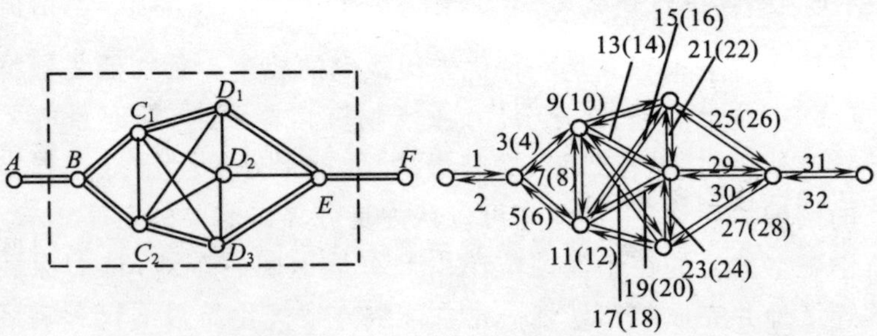

(a) 路网结构示意图　　(b) 模型路网示意图

图 4-8　铁路网示意图

$V = V_1 \cup V_2 \cup V_3, V_1 = \{A, F\}, V_2 = \{B, E\}, V_3 = \{C_1, C_2, D_1, D_2, D_3\}$；$E = E_1 \cup E_2 \cup E_3, E_1 = \{e_1, e_2, e_{31}, e_{32}\}, E_2 = \{e_3, e_4, e_5, e_6, e_9, e_{10}, e_{11}, e_{12}, e_{25}, e_{26}, e_{27}, e_{28}\}, E_3 = \{e_7, e_8, e_{13}, e_{14}, e_{15}, e_{16}, e_{17}, e_{18}, e_{19}, e_{20}, e_{21}, e_{22}, e_{23}, e_{24}, e_{29}, e_{30}\}$；$C = C_1 \cup C_2 \cup C_3, C_1 = \{c_1, c_2, c_{31}, c_{32}\}, C_2 = \{c_3, c_4, c_5, c_6, c_9, c_{10}, c_{11}, c_{12}, c_{25}, c_{26}, c_{27}, c_{28}\}, C_3 = \{c_7, c_{13}, c_{15}, c_{17}, c_{19}, c_{21}, c_{23}, c_{29}\}$；$I = \{I_B, I_{C1}, I_{C2}, I_{D1}, I_{D2}, I_{D3}, I_E\}$；$O = \{O_B, O_{C1}, O_{C2}, O_{D1}, O_{D2}, O_{D3}, O_E\}$。

把图 4-8 所示路网，恰当地分为若干个相互联系的阶段，从而按一定的次序求解。图中，A、F 为外网分界口，B、E 为本路网分界口，且 B 接入空车，E 排出空车。A 到 B 为第一阶段，B 到 C 为第二阶段……E 到 F 为五阶段。在第一阶段，A 为起点，终点为 B，它既是第一阶段的终点，也是第二阶段的起点。在第二阶段，B 为起点，终点有 C_1、C_2 两个，因而此时空车走行路线有两种选择，如何排空取决于该阶段优化结果。在第三阶段，起点集合为$\{C_1, C_2\}$，终点集合为$\{D_1, D_2, D_3\}$，C 到 D 排空方案由该阶段优化模型确定。同理递推，得到各阶段排空优化方案。通过划分阶段，把一个大问题化成同类型的子问题，然后按阶段逐个求解，即按阶段递推寻优，在每个子问题的求解中，均利用了它前面的子问题的最优化结果，依次进行，从而得到整个问题的最优解。

路网中的空车流是由于车站(节点)装卸车数不均衡而产生的，一个车站(节点)的装车数一般不等于卸车数。当一个车站(节点)的装车数大于卸车数时，就需要接入空车，相反则排出空车。在一个适当的时间段内，对每一车站(节点)而言，装卸车数之差应等于流入该站(节点)的空车流(包括流经车站的空车流)和从该站(节点)排出的空车流(包括流经车站的空车流)之差，即装车数－卸车数＝流入空车数－流出空车数。车站可以用自卸车来装车，也可以用接入的空车装车，但都应符合以上约束条件。这样才能使车站的运用车保有量保持一个适当的数量，使整个车站的行车工作保持均衡和稳定。

本书以空车走行公里数最少为主要优化目标，对排空配空问题的解决方案进行了分析求解。

为了计算和说明方便，该模型作如下假设：

(1)对于单线区段，假设上下行能力之和为一定值。

(2)车站工作的不确定因素很多而且比较复杂，因此，将其视为“黑箱”，只考虑车站的接车能力和发车能力。

(3)在一定的车流组织方法前提下，车站的接发车能力和区段通过能力确定。

(4)区段通过能力利用率上限假设为100%。

设有 n 个空车发送站 $A_i, i=1,2,\cdots,n$，发出的空车数分别为 a_i，m 个空车接收站 B_j，接收到的空车数分别为 $b_j, j=1,2,\cdots,m$。从 A_i 到 B_j 的距离为 l_{ij}，x_{ij} 表示从 A_i 到 B_j 的空车数。基于上述假设，在推算阶段内可以建立排空配空模型如下：

目标函数：
$$\min \quad \sum_{i=1}^{n}\sum_{j=1}^{m} x_{ij} l_{ij} \tag{4-1}$$

约束条件：

(1)a. 若该阶段 $\sum_{i=1}^{m} a_i = \sum_{j=1}^{n} b_j$，则

$$\sum_{j=1}^{n} x_{ij} = a_i \quad (i=1,2,\cdots,m) \tag{4-2}$$

$$\sum_{i=1}^{m} x_{ij} = b_j \quad (j=1,2,\cdots,n) \tag{4-3}$$

b. 若该阶段 $\sum_{i=1}^{m} a_i > \sum_{j=1}^{n} b_j$，则

$$\sum_{j=1}^{n} x_{ij} \leqslant a_i \quad (i=1,2,\cdots,m) \tag{4-4}$$

$$\sum_{i=1}^{m} x_{ij} = b_j \quad (j=1,2,\cdots,n) \tag{4-5}$$

c. 若该阶段 $\sum_{i=1}^{m} a_i < \sum_{j=1}^{n} b_j$，则

$$\sum_{j=1}^{n} x_{ij} = a_i \quad (i=1,2,\cdots,m) \tag{4-6}$$

$$\sum_{i=1}^{m} x_{ij} \leqslant b_j \quad (j=1,2,\cdots,n) \tag{4-7}$$

(2)非负及整数约束

$$x_{ij} \geqslant 0 \text{ 且为整数} (i=1,2,\cdots,m;\ j=1,2,\cdots,n) \tag{4-8}$$

(3)流经有向边 e_k 的总流量不超过该有向边容量，即

$$f_k \leqslant c_k \tag{4-9}$$

(4)空车产生点的排空数量不超过该节点的发车能力 S_d，即

$$a_i \leqslant S_d \tag{4-10}$$

(5)空车接收点的接空数量不超过该节点的接车能力 S_a，即

$$b_j \leqslant S_a \tag{4-11}$$

2. 排空配空模型的求解算法

对上述模型，可采用表上作业法、遗传算法、神经网络法、蚁群算法和lingo 软件等进行求解。具体求解过程参见第五章第一节。

六、车流推算模块

将车流推算分为车辆轨迹推算和车流分布推算，车辆轨迹推算分成两步，一步是从分界口接入时开始推算车辆的每一轨迹，第二步是根据动态库对推算的车辆轨迹进行调整。车流分布推算每隔 3 h 为一个阶段，预计本阶段可以到达编组站(区段站)待编的方向别重车和车种别空车(已确定了排空方向)信息，以便为编制编组站(区段站)出发计划作准备；得到各中间站装好待挂的方向别重车和车种别空车(已确定了排空方向)信息，为编制摘挂车流计划作准备。

1. 车辆轨迹推算

(1)对接入分界口的车流，根据车次判断列车类型：

①直通列车：根据车次由各站到达计划得到其进入推算局分界口至交出分界口间的轨迹，记入车辆轨迹推算表；

②解体列车：根据车次由各站到达计划得到其进入推算局分界口至解体站间的轨迹，并写入车辆轨迹推算表。

③摘挂列车：由各站到达计划得到其轨迹，并写入车辆轨迹推算表。

(2)根据动态库对推算的轨迹进行调整，用动态库的实际数据覆盖推算结果。

车流轨迹推算过程如图 4-9 所示。

2. 车流分布推算

(1)对车辆轨迹推算表中直通列车信息，将该阶段可交出分界口的直通列车信息写入推算库；该阶段管内在途车属直通列车的也直接写入推算库，此为 A 类车流。

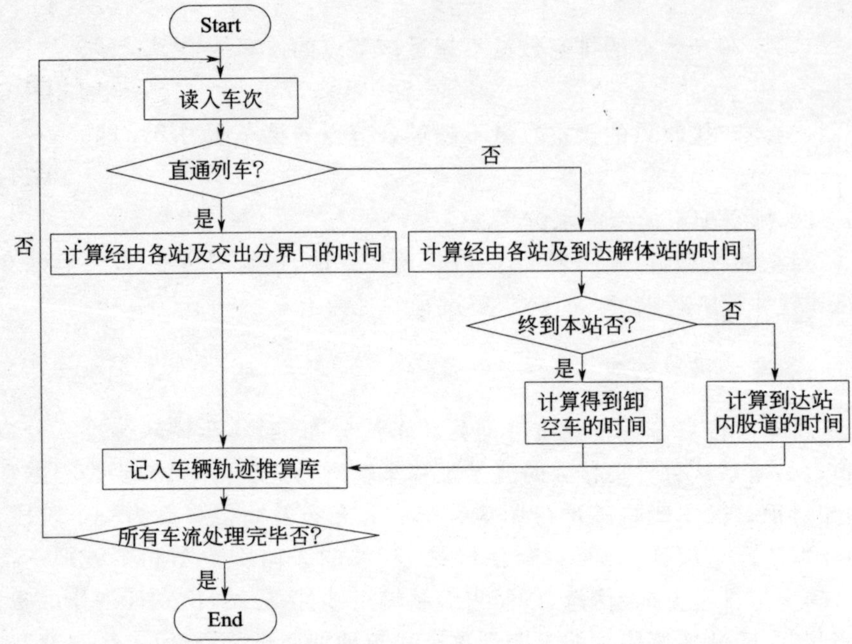

图 4-9　车流轨迹推算过程

(2)由车辆轨迹推算表中将解体至编组站(区段站)的待编的方向别重车和车种别空车(已确定了排空方向)信息写入推算库;该阶段管内在途车属解体列车且根据运行图确定可在该阶段到达解体站解体的列车,求到达编组站的时间,将车辆信息写入推算库,此为B类车流。

(3)中间站装好待挂的方向别重车和车种别空车(已确定了排空方向)信息写入推算库,该阶段管内在途车属摘挂列车且根据运行图确定可在该阶段到达终到站发生甩挂的车辆写入推算库,此为C类车流。

车流分布推算过程如图 4-10 所示。

七、超能力预警模块

1. 区段能力预警

通过推算出的车流轨迹库计算推算时段内通过 v 区段的车流量

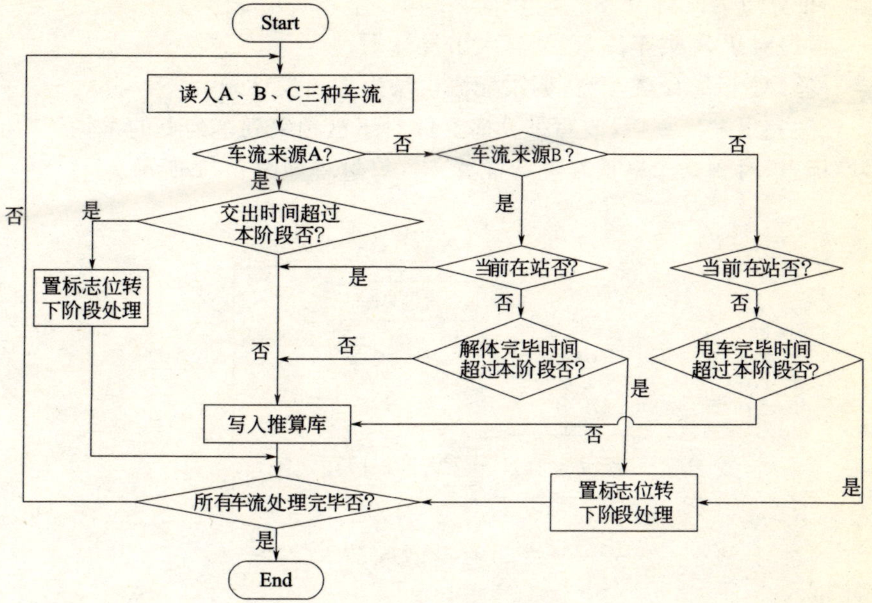

图 4-10　车流分布推算过程

$\sum L_x$，判断其是否超出该区段通过能力 L_{max}。若 $\sum L_x \geqslant L_{max}$，则发出预警；$\sum L_x < L_{max}$，则提供区段过剩通过能力（$L_{max} - \sum L_x$），以供车流调整使用。

2. 编组站能力预警

通过推算出的车流轨迹库计算推算时段内进入编组站的车流量 $\sum L_x$，判断该部分车流加上编组站站存的待编车流 $\sum I_z$ 是否超出该编组站编组能力 I_{max}。若 $\sum L_x + \sum I_z \geqslant I_{max}$，则发出预警；$\sum L_x + \sum I_z < I_{max}$，则提供编组站过剩编组能力（$L_{max} - \sum L_x$），以供车流调整使用。

文中符号定义同第四章第一节内容。

八、车站出发计划推算模块

推算局管内各编组站（区段站）和中间站的出发计划，包括出发的车辆、车数、编组车次和出发时间；管内各中间站的出发计划，包括甩车、挂车、编组、车次和出发时间。

推算分为三部分：

(1)对于 A 类车流，直接写入出发计划；

(2)对于 B、C 类车流，调用配流模型生成出发计划。

做完出发计划后，改写推算库。即对于已预编到车列上的车辆置“出发”标志，对剩余车辆重新进行推算。推算过程如图 4-11 所示。

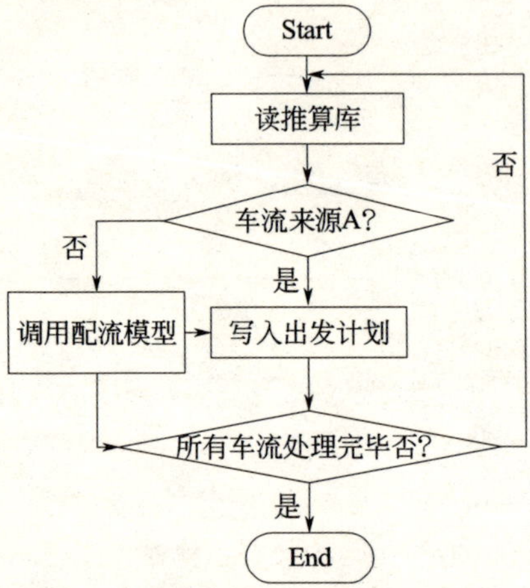

图 4-11　车站出发计划推算过程

本书以编组站出发计划生成为例对配流模型进行介绍。

编组站是铁路的重要组成部分和基层生产单位，专门办理大量货物列车的解体和编组作业，俗称“列车工厂”。编组站车流预测是根据车流来源来预测几小时后的去向别车流集结情况，确定出发列车的编组内容，从而制定编组站的出发车流计划。

编组站出发车流计划的编制包括确定出发列车的编组内容和车流来源，也称为“配流”。

调度员在确定某出发列车的编组内容时，首先做的工作是确定所要编组的列车中所包含的车流资源的种类，即把编组内容分类；接着从车流资源中挑选符合该列车编组内容的车组；然后再判断其时间上是否满足要求，如图 4-12 所示。

由图可见，调度员在进行手工编组时，是从可接续该列车的有效车中挑选一定数目的车辆以满足该列车的编成辆数的约束。当然这种挑选不是在整个待解空间中盲目地搜索，这样做实际上是把一些不满足的解也纳入了搜索的范围，不仅难度增加，搜索的速度降低，而且可能得不到最优解，甚至满意解。因为如果在配流的时候只考虑满足时间接续和去向号的要求，就有可能造成某些出发车流没有待编列车可以配入，而某些必须满轴的出发列车却没有足够的车流可以编挂的情况。这是因为，一个阶段中有多列出发列车，有的列车只有一个编组去向，有的却有两个或多个去向；反过来，作为出发车流来源，有的车流只能编入某一种（甚至某一列）列车，有的却可以编入多种（或多列）列车，因此便存在一个车流的选择和搭配问题。事实上，配流所要研究解决的正是车流的合理选择和搭配问题。处理得好，阶段中的所有出发列车都可正点、满轴（可欠轴列车除外）发车，弄得不好，满轴、正点、不违编三者照顾不周，就有可能使本来可以满轴出发的列车欠轴甚至停运。

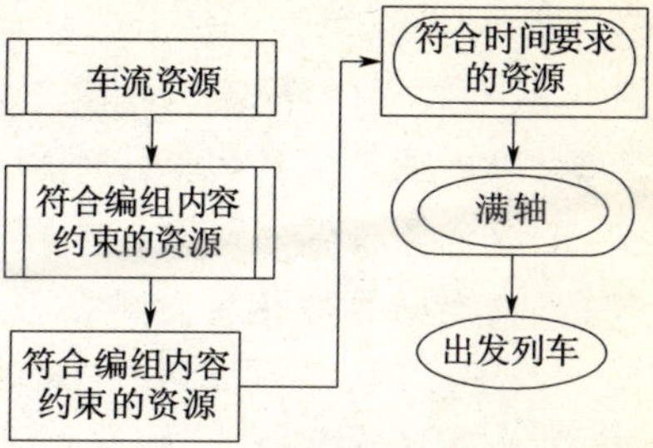

图 4-12　出发列车编组内容的确定过程

有经验的调度员在进行搜索的过程中，是依照一些基本的规则来进行的，具体来说有：

（1）在配流的时候，优先考虑等级比较高的货车，按照等级由高到低配流。

（2）当出发列车种类相同时，按照列车去向数（列车编组计划中规定的出发列车可以编入的出发车流的组号的个数）由小到大顺序进行配流。

（3）当出发列车的种类和去向数相同时，按照列车的出发时间的顺序进行配流，即先出发的出发列车先配。

（4）编入该出发列车的某去向/车种别的车辆对后续出发的若干列列车，及与该列有相同去向、车种别要求的出发列车的编组内容影响较小。

（5）对于固定编组内容的核心车次，满足固定编组内容约束的车辆要尽量得到保证。

所以调度员在进行编组的时候，不知不觉按照上述规则对于不同类型的列车赋予不同的权值，权值大的列车优先被编组，获得的收益也比较大。

从本质上说,配流问题属于资源分配问题。这里,资源就是各种车流来源,用户则是出发列车。一般来说出发车流来源存在如下这样几种情况:已解入调车场等待编组的现车;到达场待解列车;本阶段陆续到达的列车;交换场等待转场分解的车组,货场、专用线、车辆段取回待分解车组。其中已解入调车场等待编组的现车是随时都可以调来编组的车流来源,其余车流在解体之前,只能看作是“潜在的”车流来源,不能立即进行编组。由于车流来源有“潜在的”和“实在的”之分,所以配流在总体上是一个不确定的资源分配问题。对待不确定性问题,通常是把它转化为确定性问题来处理。

此处假定解体方案(即解体顺序,分解交换车、分解本站作业车)已经确定,在这样的条件下来分配车流。如果配流结果不理想,则变更解体方案,再次配流。如此多次迭代,直至逼近最佳解。

1. 配流模型的建立

虽然出发列车的来源比较复杂,但是它们的作用是相同的,都是为了给出发列车提供配流资源。为了分析问题方便起见,我们把各种形式的车流来源都看作“到达列车”。具体的处理方法是,对调车场全部现车视作一列到达列车;对交换车,每转场一次视作到达一列;对本站作业车、修竣车每取回一次视作到达一列;至于到解列车和阶段中陆续到达的列车,它们本身就是到达列车。

该模型将到达列车集合记作 D,调车场现车记作 D_1,其余按到达先后分别记作 D_2、D_3、…。本阶段出发列车集合记作 F,按时间先后分别记作 F_1、F_2、…。到达列车相当于发货点(以下简称“发点”),出发列车相当于收货点(以下简称“收点”),而配流则相当于物资调运,可见配流问题与运输问题有着类似的性质。

以 x_{ij} 表示第 $i(i=1,2,\cdots,m)$ 号到达列车配入第 $j(j=1,2,\cdots,n)$ 号出发列车中的车数;a_i 表示第 i 号到达列车的总车流量;b_j 表示第 j 号出发列车的需求车流量。

编组站配流问题的约束为:

$$\sum_{j=1}^{n} X_{ij} = a_i \qquad (i = 1,2,\cdots,m) \tag{4-12}$$

$$\sum_{i=1}^{m} X_{ij} = b_j \qquad (j = 1,2,\cdots,n) \tag{4-13}$$

$$x_{ij} \geqslant 0 \text{ 且为整数} \qquad (i = 1,2,\cdots,m; j = 1,2,\cdots,n) \tag{4-14}$$

假设总车流量供求平衡，即 $\sum_{i=1}^{m} a_i = \sum_{j=1}^{n} b_j$。当总车流量供大于求，即 $\sum_{i=1}^{m} a_i > \sum_{j=1}^{n} b_j$，可增加一列出发列车，即增加一个虚收点 F_{n+1}，该收点可以吸收任何一个发点的车流，其需求量等于总供求量之差，即 $b_{n+1} = \sum_{i=1}^{m} a_i - \sum_{j=1}^{n} b_j$；反之，当总车流量供小于求，即 $\sum_{i=1}^{m} a_i < \sum_{j=1}^{n} b_j$，则增加一列到达列车，即增加一个虚发点 D_{m+1}，它可向每个收点提供车流，其供给量也等于总供求量之差：$a_{m+1} = \sum_{j=1}^{n} b_j - \sum_{i=1}^{m} a_i$。

另外，考虑到编组站编组车流时的实际情况，配流问题还要考虑如下三个附加约束：

(1)编组去向约束，即到达列车 D_i 中只有与出发列车 F_j 编组去向相符的车流才能成为 F_j 的车流来源。

(2)接续时间约束，即只有到达列车 D_i 的解体结束时刻不晚于出发列车 F_j 开始编组时刻，D_i 中的车流才有可能成为 F_j 的车流来源。

这两个约束条件说明，并非所有的发点都能与所有的收点建立供求关系。

(3)满轴约束，即对必须满轴出发的列车，其需求车数就等于满轴车数，对可欠轴列车，其需求车数可小于满轴车数。

这一约束说明，有的收点的需求量是确定的，有的是不确定的。

为简化求解起见，可以对配流问题进行一定的转化。

(1)多个编组去向转化为单一编组去向的方法

到达列车——当列车中的车流不止一个编组去向时，将每个去向作为一个发点。这样，每个编组去向就相当于一列单去向的到达列车。

出发列车——当某出发列车可编入两个或多个去向的车流，其中某个去向的车数必须达到一定数量，则称该去向为“基本组”。对基本组，应将其单独作为一个收点看待，其余去向共同作为一个收点；若无基本组要求，则一列出发列车就是一个收点。

经过这样处理之后，总发点数目将大于到达列车总数，总收点数目也有可能大于出发列车总数，问题的规模变大了，但性质却变单纯了。

(2)控制编组去向不符车流和接续时间不够车流的方法

附加约束(1)要求将编组去向不符的车流排除在出发车流来源之外，附加约束(2)要求将接续时间不够的车流也排除在外。这无疑是正确的，但这样一来，可能造成有的出发列车车流来源减少，而有的到达列车提供的车流过剩，也就是约束条件(1)和(2)得不到满足。为了满足条件(1)和(2)的要求，同时对上述两类车流进行控制，考虑采用“代价”的概念。所谓代价，是用以衡量某去向车流配入某出发列车合理程度的量，记作 p_{ij}。如果第 i 号车流分配给第 j 号列车较为合理，则 p_{ij} 取小值，反之取大值。代价 p_{ij} 具有相对意义。当 $p_{ij} < p_{ik}$，表示第 i 号车流配入第 j 号列车较之配入第 k 号列车更合理，或者说第 j 号列车(而不是第 k 号列车)可优先获得第 i 号车流。按照这一原则，对编组去向不符或接续时间不够的车流，规定其相应的 $p_{ij} = \infty$，考虑到运算的方便，可令 $p_{ij} = M$，M 表示充分大的正数。显然，若用表上作业法求解则虚发点(或虚收点)所在行(或列)的所有车流代价均为 M。在具体运算时，优先安排 p_{ij} 值较小的车流，可使符合条件的车流尽可能配入列车，急需满轴的列车优先获得车流。

(3)尽量保证满轴的方法

为了尽量保证出发列车，特别是等级较高的出发列车满轴发车，将一个阶段中的全部出发列车进行等级排序并编号。排序原则是：首先按列车种类排序，直达列车高于直通列车，直通列车高于区段列车，区段列车高于摘挂列车，摘挂列车高于小运转列车，等级高的列车排在前面；然后，对相同种类的列车，按编组去向数排序，去向数少的列车排在前面；最后，列车种类和去向数都相同的列车按出发时刻先后排序，先出发的列车排在前面。很明显，按上述原则排出的顺序是唯一的。以列车等级序号作为相应车流的代价，对代价较小的车流优先安排，即可优先保证等级较高的列车满轴。对可欠轴列车，其需要车流量具有不确定性，但仍可按满轴车数计算，这样做不会对等级较高的列车产生不利影响，又有利于可欠轴列车本身增加车流量。

通过建立代价的概念，确立总代价最小为追求的目标，3 个附加约束

条件所引出的问题得到了合理解决。这样，建立的编组站配流目标函数为

$$\min Z = \sum_{i=1}^{m} \sum_{j=1}^{n} p_{ij} x_{ij} \tag{4-15}$$

式中，m 为发点总数目；n 为收点总数目；p_{ij} 是发点号为 i、收点号为 j 的车流的代价；x_{ij} 为第 i 号发点供应第 j 号收点的车流量。

约束条件见式(4-12)至式(4-14)。

2. 模型求解算法

由于配流问题与运输问题有着类似的性质，因此可以采用传统的表上作业法、遗传算法等进行求解。具体求解过程参见第五章第二节。

九、分界口交出车流推算模块

推算局管内每个分界口的出发计划，包括出发的车辆、车数、编组、车次和分界口的交出时间。

设出发计划为 $SDP[t_0, t_n]$。

(1)编组站(区段站)　对出发计划中的车次，由运行图得到出发列车到达交出分界口的时间，判断是否超出本阶段，可在本阶段交出则写入分界口交出车流(运调 20)，否则转入下阶段车流处理。

(2)中间站　中间站出发的为摘挂列车，由车次判断是否交出本局，不出局者不写入分界口交出车流，出局者，由运行图得到出发列车到达交出分界口的时间，判断是否超出本阶段，可在本阶段交出则写入分界口交出车流(运调 20)，否则转入下阶段车流再作处理。

推算过程如图 4-13 所示。

算法 5：

Input：$SDP[t_0, t_n]$，YXT

Output：$YD[t_0, t_n]$

Begin

　$\forall l\_id \in SDP[t_0, t_n]$

　$t_{jk} = l\_arr\_time_{jk}$ //由运行图得到到达分界口的时间

　If　$t_{jk} \in [t_0, t_n]$　then

　　Update　$YD[t_0, t_n]$

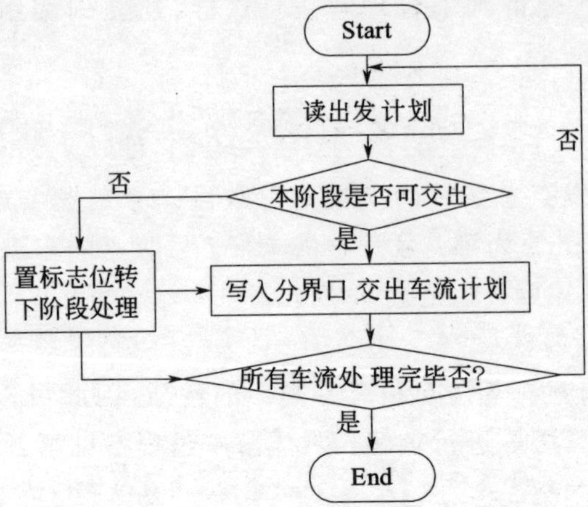

图 4-13　分界口交出车流推算过程

    Else
        Update　$YD[t_n, t_{n+1}]$
End

第五章　排空配空和出发计划方案的确定

上一章对于滚动式智能车流预测方法进行了描述，并且对车流预测各模块算法进行了分析。本章对其中的排空配空模块和出发计划推算模块进行具体研究，并采用表上作业法、遗传算法、蚁群算法及 Lingo 软件等确定排空配空方案和出发计划方案。

第一节　排空配空方案的确定

本节分别采用表上作业法、遗传算法、蚁群算法和 Lingo 软件确定排空配空方案，并对各种方法的优化结果进行了对比分析。

一、表上作业法求解排空配空方案

表上作业法是线性规划问题的一种求解方法，它采用列表的方法求解线性规划问题中的运输模型。

1. 表上作业法求解步骤

(1)初始调整方案

求初始调整方案常用最小元素法或西北角法。本节采用最小元素法，步骤如下：

建立空车产生站产生空车数 a_i 和空车接收站接收空车数 b_j 平衡表，以及空车产生站到接收站的二维站间里程表 l_{ij}。最小元素法的基本思想是就近优先调配，迭代运算，即最小里程 l_{ij} 对应的变量 x_{ij} 优先赋值 $x_{ij}=\min\{a_i,b_j\}$，并在表格中划去满足需求的空车接收点对应的列。然后在余下的里程中再找最小者，并对与其相应的变量赋值，划去相应的列，若某点产生的空车已分配完，则将其相应的行也划去，依次下去，直到得到一个初始调整方案。一个合理的调整方案中变量数应为$(m+n-1)$个，但是在有些条件下，初始基可行解 x_{ij} 的变量数可能少于$(m+n-1)$个，这时该初始基可行解称为退化初始基可行解，需要进行非退化处理，即在初始基可行解的任意一个 x_{ij} 处的横坐标处或纵坐标处添加一个初始基可行解 x_{im} 或 x_{nj} 并使之等于 0，并且保证在已经有的初始基可行解中不存在闭回路，直到 x_{ij} 的变量数等于 $m+n-1$ 为止，从而得到非退化的初始基可行解。

(2)最优调整方案的判别

计算上述方案中空格的检验数以判断方案是否最优，可以采用闭回路法和位势法。本书采用位势法计算检验数。

对于上述建立的数学模型，设前 m 个约束对应的对偶变量为 $u_i, i=1,2,\cdots,m$，后 n 个约束对应的对偶变量为 $v_j, j=1,2,\cdots,n$。可以证明 $u_i+v_j=l_{ij}$。称 u_i、v_j 为运输问题关于基变量 $\{x_{ij}\}$ 的对偶解，或称位势（u_i 为行位势，v_j 为列位势），$\lambda_{ij}=l_{ij}-(u_i+v_j)$ 为非基变量的检验数。由于 $u_i+v_j=l_{ij}$ 有 $(m+n-1)$ 个方程，有 $m+n$ 个未知变量，所以有一个自由变量。对于同一组变量来说，所求得的检验数是唯一的，一般令 $u_1=0$，就可以得到 u_i 及 v_j 的一组解，进而得到检验数 λ_{ij}，当所有的非基变量的检验数都非负，则运输方案最优，否则转下一步。

(3)调整方案

调整方案也就是调整调配量即换基，选 x_{lk} 进基，选一个变量出基，对原调配量进行调整得到新的基可行解，转上一步。

当某个检验数小于零时，可行解不是最优解，车公里数还可以下降。这时需要调整调配量，改进方案，使得总车公里数减少，步骤如下：

①确定进基变量。$\lambda_{lk}=\min\limits_{(i,j)}\{\lambda_{ij} \mid \lambda_{ij}<0\}$，$x_{lk}$ 进基。

②确定出基变量。在进基变量的闭回路中，由进基变量起始，分别在定点上交替标上+、−符号，将标有负号的最小调配量作为调整量 θ，θ 对应的变量为出基变量。

③调整调配量。在进基变量的闭回路中标有正号的变量加上调整量 θ，标有负号的变量减去调整量 θ，其余变量不变，得到一组新的基可行解，转上一步。

(4)不平衡运输问题

约束条件提到的总的产生车数与总的接收车数不相等的情形，为不平衡运输问题，这类问题在实际运输生产当中常常碰到，它的解决办法就是将不平衡的运输问题转化为平衡的运输问题来解决。

对于总的产生车数大于总的需求车数的情形，必然有部分节点的产生车不能全部调配到需求节点，多余的车辆必须在本点驻留，总的驻留量为

$$b_{n+1} = x_{1,n+1}, + x_{2,n+1} +, \cdots, + x_{m,n+1} = \sum_{i=1}^{m} x_{i,n+1} = \sum_{i=1}^{m} a_i - \sum_{j=1}^{n} b_j \tag{5-1}$$

可以将 b_{n+1} 作为一个虚设的缺车站 B_{n+1} 来处理，各多车站 A_i 到 B_{n+1} 的站间里程为 0，即 $c_{i,n+1} = 0, i = 1,2,\cdots,m$，这样处理后，可以转化为具有($n+1$)个需求节点的平衡运输问题。

类似地，当总的产生车数小于总的需求车数时，可以虚设一个产生空车节点 A_{m+1}，从而转化为具有($m+1$)个空车产生节点的平衡运输问题。

求解方法同平衡运输问题。

2. 表示作业法求解算法

(1)最小元素法求解初始方案

建立空车产生站产生空车数 a_i 和空车接收站接收空车数 b_j 平衡表，以及空车产生站到接收站的二维站间里程表 l_{ij}。用最小元素法迭代运算得到一个初始基可行解。如果初始基可行解退化，则进行非退化处理，从而得到非退化的初始基可行解。

(2)求行位势 u_i 和列位势 v_j

一般令 $u_1 = 0$，可以得到 u_i 及 v_j 的一组解。

(3)求检验数

在求出位势之后，利用公式 $\lambda_{ij} = c_{ij} - (u_i + v_j)$ 求出全部非基检验数。

(4)判断检验数 $\lambda_{ij} \geqslant 0$ 否，若所有的非基检验数均大于 0，则运输方案最优，转第 7 步，否则求出其中绝对值最大的非基负检验数 $\lambda_{lk} = \min\limits_{(i,j)}\{\lambda_{ij} \mid \lambda_{ij} < 0\}$。

(5)将 x_{lk} 所在的点为新方案点，找出闭回路所有方案点。找闭回路的方法如下：设($m+n-1$)个方案点的集合为 $A = \{i_k, j_k\}(0 \leqslant k \leqslant m+n-1)$，若 i_k 不重复则称为行抹点，若 j_k 不重复则称为列抹点，将集合 A 行抹点及列抹点依次抹去，直至抹不到点为止，则剩余的方案点都是在 (l,k) 所在的闭回路上的方案点，记为集合 B。

(6)从 (l,k) 出发,在集合 B 中沿水平或垂直方向前进,遇另一数字格后转移 90°继续前进,最终找到闭回路。由 (l,k) 起始,分别在顶点上交替标上+、- 符号,将标有负号的最小调配量作为调整量 θ,且把这个最小值所在方案点从基本解中去掉,将标有正号的变量加上调整量 θ,标有负号的变量减去调整量 θ,其余变量不变,得到一组新的基可行解(如果退化,进行非退化处理)转第 3 步。

(7)输出最优节点间调配量方案,程序结束。

二、遗传算法求解排空配空方案

1. 遗传算法简介

(1)遗传算法的概念和一般结构

生物在自然界中的生存繁衍,显示出了它对自然环境的优异的自适应能力。遗传算法是 John H. Holland 根据生物进化的模型提出的一种优化算法。自然选择学说是进化论的中心内容。遗传算法正是吸取了自然生物系统"适者生存,优胜劣汰"的进化原理,从而使它能够提供一个在复杂空间中进行鲁棒搜索的方法,为解决许多传统优化方法难以解决的优化问题提供了新的途径。

遗传算法与传统的搜索算法不同,遗传算法从一组随机产生的初始解(称为"种群,population")开始搜索过程。种群的每个个体是问题一个解的编码串(称为"个体位串,individual string"或"染色体,chromosome"),染色体是一串符号,例如一个二进制字符串。这些染色体在后续迭代中不断进化,称为遗传。在每一代中用"适值(fitness,或叫适应度)"来测量染色体的好坏。生成的下一代染色体,称为后代(offspring)。后代是由前一代染色体通过遗传运算(即"交叉,crossover"和"变异,mutation"运算)形成的。在新一代形成过程中,根据适值的大小选择部分后代,淘汰部分后代,从而保持种群大小是常数。适值高的染色体被选中的概率较高。这样,经过,经过若干代之后,算法收敛于最好的染色体,它很可能就是问题的最优解或次优解,设 $P(t)$ 和 $C(t)$ 分别表示第 t 代的双亲和后代,遗传算法的一般结构可描述如下:

遗传算法过程:

begin

```
t ←0;
初始化 P(t);
评估 P(t);
while 不满足终止条件 do
begin
  P(t) 经遗传运算获得 C(t);
  评估 C(t);
  从 P(t) 和 C(t) 中选择 P(t+1);
  t ← t +1;
end
end
```

(2)遗传算法的基本操作

Holland 的遗传算法通常称为简单遗传算法。一般的遗传算法都包含复制(reproduction operator)、交叉(crossover operator)和变异(mutation operation)三个基本操作。

复制是从一个旧种群中选择生命力强的个体位串产生新种群的过程。或者说,复制是个体位串根据其适值函数拷贝自己的过程。简单的交叉操作分两步实现,在由等待配对的位串构成的匹配池中,第一步是将新复制产生的位串个体随机两两配对,第二步是随机地选择交叉点,对匹配的位串进行交叉繁殖,产生一对新的位串。尽管复制和交叉操作很重要,在遗传算法中是第一位的,但不能保证不会遗漏一些重要的遗传信息。在人工遗传系统中,变异用来防止这种不可弥补的遗漏。在简单遗传算法中,变异就是某个字符串某一位的值偶然的(概率很小的)随机的改变,即在某些特定的位置上简单地把 1 变成 0,或反之。变异是沿着位串字符空间的随机移动。当它有节制地和交叉一起使用时,它就是一种防止过度成熟而丢失重要概念的保险策略。变异在遗传算法中的作用是第二位的,但却是必不可少的。变异操作可以起到恢复位串字符多样性的作用,并能适当地提高遗传算法的搜索效率。

遗传算法工作流程如图 5-1 所示。

2. 遗传算法求解步骤

(1)遗传编码构造及初始化

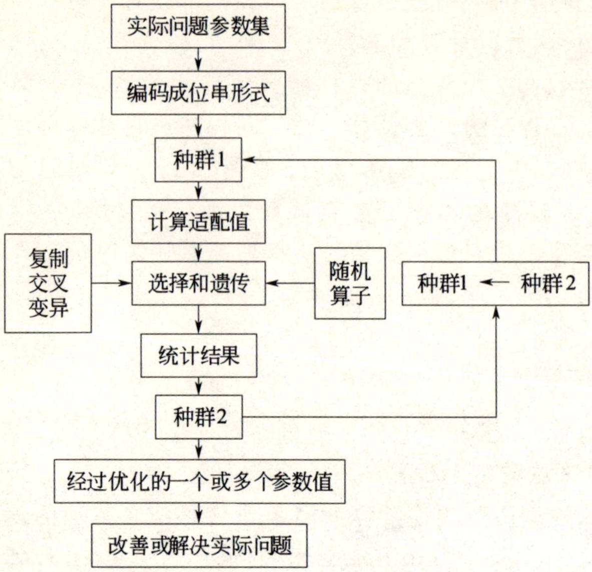

图 5-1　遗传算法工作流程示意图

染色体编码构造的基本思想和方法是，由空车分配表中 n 个空车发送站和 m 个空车接收站构成一个 $n \times m$ 的矩阵 $\mathbf{V}$，$\mathbf{V}= x_{ij}$（$i=1,2,\cdots,n$；$j=1,2,\cdots,m$）。矩阵 $\mathbf{V}$ 中元素 x_{ij} 表示从空车发送站发往空车接收站的空车数，若 x_{ij} 满足上述约束条件，则由此构成的染色体编码（矩阵 $\mathbf{V}$），表示了原问题的一个可行解。显然，由此构成的染色体的基因型与其表现型是完全一致的，它不仅具有编码简单、直观，而且具有易于遗传操作算法实现的特点。具体的染色体构成及初始化算法如下：

输入参数：空车发送站 A_i 发出的空车数 a_i（$i=1,2,\cdots,n$），空车接收站 B_j 接收的空车数 b_j（$j=1,2,\cdots,m$）。

输出结果：空车分配矩阵 $\mathbf{V}$，$\mathbf{V}= x_{ij}$（$i=1,2,\cdots,n$；$j=1,2,\cdots,m$），x_{ij} 满足上述约束条件。

第一步，随机产生行号 i（$i=1,2,\cdots,n$），随机产生列号 j（$j=1,2,\cdots,m$）。

第二步，计算矩阵 $\mathbf{V}$ 中元素 x_{ij}，$x_{ij}=\min\{a_i,b_j\}$。

第三步，更新 a_i 和 b_j，$a_i=a_i-x_{ij}$，$b_j=b_j-x_{ij}$。

第四步，重复步骤一至三，直到所有行列都设置完毕。

(2)适应度函数的计算和选择策略

适应度函数通常与模型的目标函数值是相关的，根据染色体基因确定目标函数的过程称为译码计算。由于所构造染色体编码的基因型与其表现型完全一致，由上述算法所生成的染色体皆为原问题的可行解。因此，我们将式(4-1)中的目标函数直接取为适应度函数，这样染色体计算得到的适应度值即为目标函数值。选择策略采用具有最优保存特性的改进滚动轮策略。

(3)交叉方法

随机选取两个个体作为父项 $\boldsymbol{V}_1$ 和 $\boldsymbol{V}_2$，将 $\boldsymbol{V}_1$ 和 $\boldsymbol{V}_2$ 对应元素相加后取其平均值，平均值整数部分和余数部分分别用矩阵 $\boldsymbol{INT}=d_{ij}$ 和 $\boldsymbol{REM}=r_{ij}$ $(i=1,2,\cdots,n;j=1,2,\cdots,m)$ 表示：

$$d_{ij}=[(x_{ij}^1+x_{ij}^2)/2]$$

$$r_{ij}=(x_{ij}^1+x_{ij}^2)\ \%2$$

其中[ ]和%分别表示取整和取余数运算，x_{ij}^1 表示染色体 $\boldsymbol{V}_1$ 中的第 i 行第 j 列元素。将余数矩阵分解成 $\boldsymbol{REM1}$ 和 $\boldsymbol{REM2}$ 两部分，即：

$$\boldsymbol{REM}=\boldsymbol{REM1}+\boldsymbol{REM2}$$

由 $\boldsymbol{INT}$ 分别加上 $\boldsymbol{REM1}$ 和 $\boldsymbol{REM2}$ 就得到了两个新的子个体 $\boldsymbol{V}_3$ 和 $\boldsymbol{V}_4$：

$$\boldsymbol{V}_3=\boldsymbol{INT}+\boldsymbol{REM1}$$

$$\boldsymbol{V}_4=\boldsymbol{INT}+\boldsymbol{REM2}$$

很显然，满足上述条件的分解有多种可能性，但不管是哪一种分解方法，经上述交叉操作后，生成的新个体既保持了其整数的特点，同时也总能保证其个体的有效性。

(4)变异方法

变异方法最常用的有变值变异法和交换变异法。变值变异法将需要变异的基因由 0(或 1)变为 1(或 0)，因此这种方法只适应于二进制编码的遗传算法中；交换变异法是将两个基因的位置进行交换，这种方法多用于无重叠的自然数编码的遗传算法中。上述两种变异策略对空车调整优化问题都不能保证变异操作后染色体是可行的。因此针对空车调整问题，本书提出以下变异算法，可保证变异后染色体的可行性。

第一步，从父项中随机选取一个个体 $V_{n\times m}$，在该染色体矩阵中随机抽取一个子矩阵，设为 $W_{p\times q}$，p、q 满足 $2\leqslant p\leqslant n$，$2\leqslant q\leqslant m$。设子矩阵 $W_{p\times q}$ 中的元素表示为 w_{ij}，且 $\{r_1,r_2,\cdots,r_p\}\in\{1,2,\cdots,n\}$，$\{s_1,s_2,\cdots,s_p\}\in\{1,2,\cdots,m\}$，则有：

$$w_{ij}=x_{r_i,s_j} \qquad 1\leqslant i\leqslant p,1\leqslant j\leqslant q$$

第二步，计算子矩阵 $W_{p\times q}$ 中的空车发出总数和空车接收总数，分别表示为 a_i^w 和 b_j^w，有：

$$a_i^w=\sum_j w_{ij}=\sum_{s_j,j\in\{1,\cdots q\}} x_{r_i,s_j} \qquad 1\leqslant i\leqslant p$$

$$b_j^w=\sum_i w_{ij}=\sum_{r_i,i\in\{1,\cdots p\}} x_{r_i,s_j} \qquad 1\leqslant j\leqslant q$$

第三步，按初始算法生成新的子矩阵 $W'_{p\times q}$。

第四步，用子矩阵 $W'_{p\times q}$ 的元素替换原矩阵中相应位置的元素，得到变异后的新个体 $V'_{n\times m}$。

由于新的子矩阵 $W'_{p\times q}$ 也是按初始算法生成的，因此经上述变异操作后生成的新个体 $V'_{n\times m}$ 也总是有效性的。

三、蚁群算法求解排空配空方案

空车调整蚁群算法初始化时将 m 个蚂蚁随机分配到 n 个车站，同时出发点车站设置到禁忌表中。蚂蚁按下式选择下一个车站，并修改禁忌表。

$$j=\begin{cases}\underset{j\notin tabu_k}{\operatorname{argmax}}\{[\tau_{ij}(t)][\eta_{ij}(t)]^\beta\}, & q\leqslant q_0\\ S, & \text{其他}\end{cases} \tag{5-2}$$

式中，q_0 为初始设定的参数，$0\leqslant q_0\leqslant 1$；$q$ 为随机数，$q\in[0,1]$；η_{ij} 为先验知识或能见度，在空车调整问题中为车站 i 转移到车站 j 的启发信息，一般取 $\eta_{ij}=1/d_{ij}$；β 为启发信息的重要程度；$\tau_{ij}(t)$ 是弧 (i,j) 上局部信息素的值；$tabu_k(k=1,2,\cdots,m)$ 用以记录蚂蚁 k 当前所走过的车站，集合 $tabu_k$ 随着进化过程做动态调整，该策略增加了搜索的多样性，以避免过早地陷于搜索停滞；S 是根据式(5-3)决定的随机变量：

$$p_{ij}^k=\begin{cases}\dfrac{\tau_{ij}(t)\eta_{ij}^\beta(t)}{\sum_{s\in allowed_k}\tau_{is}(t)\tau_{is}^\beta(t)}, & j\in allowed_k\\ 0, & \text{其他}\end{cases} \tag{5-3}$$

式中，$allowed_k$ 为蚂蚁 k 下一步允许选择的车站，$allowed_k=\{0,1,\cdots,n-1\}-tabu_k$。

蚂蚁任务是在约束条件下将10辆空车的调整作为一项任务，如果将任务 j 指派至某一目的车站 i，则连接点 i 与 j，同时在此弧上留下信息素，由于对每个位置都指派多项任务，所以最终的可行解是连接任务与位置的 n 条弧。蚂蚁 k 在走完一个边以后，按式(5-4)更新该边上的信息素：

$$\tau_{ij}(t+1)=(1-\rho)\tau_{ij}(t)+\rho\Delta\tau_{ij}^{k}\qquad\rho\in(0,1)\tag{5-4}$$

$$\Delta\tau_{ij}^{k}=\begin{cases}\dfrac{1}{l_{jb}}, & \text{第 } k \text{ 只蚂蚁经过 } ij \text{ 时}\\ 0, & \text{其他}\end{cases}$$

式中，l_{jb} 是蚂蚁 k 已走过的路径长度。

经过 n 个时刻蚂蚁完成一次搜索。蚁群本次搜索的禁忌表将满，此时应清空，将当前蚂蚁所在车站置入 $tabu_k$，准备下一次搜索。计算每个蚂蚁所走过的路径 L_k，并保存最短路径 $L_{k_{\min}}$ ($L_{k_{\min}}=\min L_k, k=1,\cdots,m$)。其中 l_k 是第 k 个蚂蚁所走的路径长度。同时，对最佳路径上的信息素按下式进行更新：

$$\tau_{ij}^{new}=(1-\gamma)\tau_{ij}^{old}+\gamma\Delta\tau$$

$$\Delta\tau_{ij}^{k}=\begin{cases}\dfrac{1}{l_k}, & \text{蚂蚁 } k \text{ 所走的路径 } ij \text{ 属于最佳路径}\\ 0, & \text{其他}\end{cases}\tag{5-5}$$

式中，γ 为全局信息素挥发系数。

如果设置的搜索次数未完，则清空禁忌表，重复上述过程。

四、Lingo 软件求解排空配空方案

1. LINGO 软件简介

LINGO 软件是一种专门用于求解数学规划问题的优化计算软件，可用于求解线性规划和整数规划问题。而空车调整可以归结为一个线性规划问题，故本书尝试通过该软件对于空车调整进行建模计算。运用该软件不仅节省开发时间，而且运行速度快，迭代次数少。

一个 LINGO 模型应以 MODEL 开始，END 结束。其间为语句，可分为四大部分(SECTION)：

(1)集合部分(SETS)。这部分以“SETS:”开始，以“ENDSETS”结

束，其作用在于定义必要的变量，在 LINGO 中称为集合(SET)及其元素(MEMBER 或 ELEMENT，有点类似于数组的下标)和属性(ATTRIBUTE，有点类似于数组)。下面的算例中定义了三个集合：原始集合 CRESTA(空车产生站)，它包含三个元素即车站 A1、A2、A3，每个车站都有 PRODUCE 属性；原始集合 RECSTA(空车需求站)，包含四个元素 B1、B2、B3、B4，每个车站都有 DEMAND 属性；导出集合 ROUTES(CRESTA，RECSTA)具有 DISTANCE(空车产生站到空车接收站之间的距离)和 VOLUME(空车产生站给空车接收站的合理空车分配量)属性。一旦这样的定义建立起来，如果 CRESTA 的数量不是 3 而是 30，只需扩展其元素为 A1、A2…A30，而其属性不变，这些量的具体数值可在数据部分(DATA)或初始化部分(INIT)输入。

(2)目标与约束部分。这部分实际上定义了目标函数，约束条件等。一般要用到 LINGO 的内部函数，在下例中，定义了目标函数为 MIN=…，如此定义的目标函数与 CRESTA 的元素数目是多少并无具体的关系。同时定义了约束条件，对于每一个空车需求站 RECSTA(J)，接受到的空车数总和等于其需求数，对于每一个空车产生站 CRESTA(I)，发送出去的空车数总和等于其产生空车数。

(3)数据部分(DATA)。这部分要以"DATA:"开始，以"ENDDATA"结束，其作用在于对集合的属性(数组)输入必要的数据(属性值)。

(4)初始化部分(INIT)。这部分以"INIT:"开始，以"ENDINIT"结束，其作用在于对集合的属性(数组)定义初值(属性值)。下例中没有初始化部分。

2. Lingo 软件求解排空配空模型

下面是求解排空配空问题的 Lingo 模型(其中数据取下节算例中的值)。

```
MODEL:
  SETS:
  CRESTA/A1,A2,A3/:PRODUCE;
  RECSTA/B1,B2,B3,B4/:DEMAND;
  ROUTES(CRESTA,RECSTA):DISTANCE,VOLUME;
  ENDSETS

  MIN=@SUM(ROUTES:DISTANCE * VOLUME);
```

```
    @FOR(RECSTA(J):
        @SUM(CRESTA(I):VOLUME(I,J))=DEMAND(J));
    @FOR(CRESTA(I):
        @SUM(RECSTA(J):VOLUME(I,J))=PRODUCE(I));
    DATA:
      PRODUCE=80,50,110;
      DEMAND=40,70,60,70;
      DISTANCE=200,600,200,550
        100,500,150,450,
        400,250,550,300;
    ENDDATA
END
```

五、算　　例

本书给出一个算例:对于 3 个空车产生地点,4 个空车需求地点,空车分配表见表 5-1,运输距离见表 5-2。

表 5-1　空车分配平衡表

由	去				
	B_1	B_2	B_3	B_4	发
A_1	x_{11}	x_{12}	x_{13}	x_{14}	80
A_2	x_{21}	x_{22}	x_{23}	x_{24}	50
A_3	x_{31}	x_{32}	x_{33}	x_{34}	110
收	40	70	60	70	240

表 5-2　运输距离表

由	去			
	B_1	B_2	B_3	B_4
A_1	$l_{11}=200$	$l_{12}=600$	$l_{13}=200$	$l_{14}=550$
A_2	$l_{21}=100$	$l_{22}=500$	$l_{23}=150$	$l_{24}=450$
A_3	$l_{31}=400$	$l_{32}=250$	$l_{33}=550$	$l_{34}=300$

对于上述算例，分别采用前述方法进行计算，可得到不同方法的优化结果。

表 5-3　表上作业法结果

由	去				
	B_1	B_2	B_3	B_4	发
A_1			50	30	80
A_2	40		10		50
A_3		70		40	110
收	40	70	60	70	240

目标结果：61500 空车公里

表 5-4　遗传算法结果

由	去				
	B_1	B_2	B_3	B_4	发
A_1			50	30	80
A_2	40		10		50
A_3		70		40	110
收	40	70	60	70	240

目标结果为 61000 空车公里

表 5-5　蚁群算法 ACOECA 所得结果 1

由	去				
	B_1	B_2	B_3	B_4	发
A_1			60	20	80
A_2	40			10	50
A_3		70		40	110
收	40	70	60	70	240

目标结果：61000 空车公里

表 5-6　蚁群算法 ACOECA 所得结果 2

由	去				
	B_1	B_2	B_3	B_4	发
A_1	20		60		80
A_2	20			30	50
A_3		70		40	110
收	40	70	60	70	240

目标结果：61000 空车公里

Lingo 软件求解结果如图 5-2 所示。

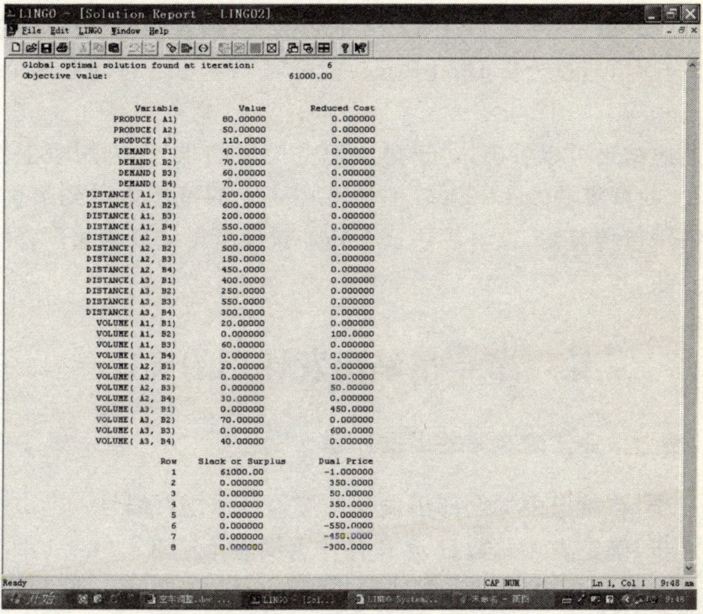
```
Global optimal solution found at iteration:          6
Objective value:                              61000.00

                Variable           Value        Reduced Cost
           PRODUCE( A1)         80.00000            0.000000
           PRODUCE( A2)         50.00000            0.000000
           PRODUCE( A3)         110.0000            0.000000
            DEMAND( B1)         40.00000            0.000000
            DEMAND( B2)         70.00000            0.000000
            DEMAND( B3)         60.00000            0.000000
            DEMAND( B4)         70.00000            0.000000
       DISTANCE( A1, B1)        200.0000            0.000000
       DISTANCE( A1, B2)        600.0000            0.000000
       DISTANCE( A1, B3)        200.0000            0.000000
       DISTANCE( A1, B4)        550.0000            0.000000
       DISTANCE( A2, B1)        100.0000            0.000000
       DISTANCE( A2, B2)        500.0000            0.000000
       DISTANCE( A2, B3)        150.0000            0.000000
       DISTANCE( A2, B4)        450.0000            0.000000
       DISTANCE( A3, B1)        400.0000            0.000000
       DISTANCE( A3, B2)        250.0000            0.000000
       DISTANCE( A3, B3)        550.0000            0.000000
       DISTANCE( A3, B4)        300.0000            0.000000
         VOLUME( A1, B1)        20.00000            0.000000
         VOLUME( A1, B2)        0.000000            100.0000
         VOLUME( A1, B3)        60.00000            0.000000
         VOLUME( A1, B4)        0.000000            0.000000
         VOLUME( A2, B1)        20.00000            0.000000
         VOLUME( A2, B2)        0.000000            100.0000
         VOLUME( A2, B3)        0.000000            50.00000
         VOLUME( A2, B4)        30.00000            0.000000
         VOLUME( A3, B1)        0.000000            450.0000
         VOLUME( A3, B2)        70.00000            0.000000
         VOLUME( A3, B3)        0.000000            600.0000
         VOLUME( A3, B4)        40.00000            0.000000

                     Row    Slack or Surplus      Dual Price
                       1        61000.00           -1.000000
                       2        0.000000            350.0000
                       3        0.000000            50.00000
                       4        0.000000            350.0000
                       5        0.000000            0.000000
                       6        0.000000           -550.0000
                       7        0.000000           -450.0000
                       8        0.000000           -300.0000
```

图 5-2　Lingo 软件计算结果

Lingo 软件计算结果解释：

(1)“Global optimal solution found at iteration：6”表示 LINGO 在 6 次迭代后得到最优解。

(2)Objective value：61000.00 表示最优目标值为 61000。

(3)Variable、Value 表示变量及最优解中变量值。

(4)Reduced Cost 列出最优单纯形表中判别数所在行的变量的系数，表示当变量有微小变动时，目标函数的变化率，其中基变量的 reduce cost 值应为 0，对于非基变量 X_j 相应的 reduce cost 值表示 X_j 增加一个单位(此时假定其他非基变量保持不变)时目标函数减小的量(max 型问题)。

(5)"Slack or Surplus"给出松弛变量的值。

(6)"Dual Price"(对偶价格)列出最优单纯形表中判别数所在行的松弛变量的系数，表示当对应约束有微小变动时，目标函数的变化率，输出结果中对应每一个约束有一个对偶价格。若其数值为 X，表示对应约束中不等式右端项若增加一个单位，目标函数将增加 X 个单位(max 型问题)。

当 Reduced Cost 或 Dual Price 的值为 0 时，表示微小扰动不影响目标函数。有时，通过分析 Dual Price，也可对产生不可行问题的原因有所了解。

由上述结果可以看出，对于排空配空模型的求解，采用表上作业法、遗传算法、蚁群算法及 Lingo 软件均可在一定的范围内得到最优或近似最优。采用遗传算法、蚁群算法及 Lingo 软件所得结果均相同，并略优于表上作业法。

第二节　车站出发计划的确定

一、表上作业法确定车站出发计划

第一步，将阶段中的全部出发列车按等级排序并编号。

第二步，确定发点总数目 m 和各发点供应车流量 $a_i(i=1,2,\cdots,m)$，确定收点总数目 n 和各收点需求车流量 $b_j(j=1,2,\cdots,n)$。

第三步，计算总的供应车流量 $A=\sum_{i=1}^{m}a_i$ 和总的需求车流量 $B=\sum_{j=1}^{n}b_j$。若 $A>B$，则增加一个收点，并令 $n=n+1$；若 $A<B$，则增加一个发点，并令 $m=m+1$。

第四步，确定代价 p_{ij} ——凡编组去向不符，或接续时间不够，或由增加的发点(或收点)供应(或吸收)的车流，$p_{ij}=M$(充分大的正数)，其余

车流的 p_{ij} 等于对应出发列车的等级序号。

第五步，编制已知资料平衡表，将发点、收点、供应量、需求量、代价均填入表中，表上发点、收点的排列顺序仍以列车到、发时刻先后为准。

第六步，用表上作业法求最优方案，并输出结果，算法结束。

二、遗传算法确定车站出发计划

确定出发列车编组内容的过程实际是在一个已知的站场中的车流资源空间中搜索最优解的过程，为了提高搜索效率，可以应用遗传算法来进行多点同时搜索。由于遗传算法并不是对问题的空间直接搜索，而需要把问题的决策变量转化为遗传算法可以进行操作的编码，所以首先应对搜索空间进行预处理。

1. 对搜索空间进行预处理的具体步骤

(1)一般情况下，到达列车和出发列车都可能包含两个或多个去向的车流，这样在应用遗传算法进行求解时可能会纠缠不清。为了方便起见，我们把每个去向号的车组都作为一列车来考虑，这样虽然列车到发的车次会有许多增加，但是条理清晰，各车列的相互关系明朗。

(2)首先将阶段中的全部到达列车按方向号分类(空车按车种分类)，然后按到达时间由早到晚先后升序排序，本站作业车按作业完毕的时间。确定到达列车总数 m 和各到达列车供应车流量 $a_i(i=1,2,\cdots,m)$。

(3)将阶段中的全部出发列车按方向号分类(空车按车种分类)，然后对各类方向号的车按等级排序并编号，等级相同的按出发时间由早到晚先后排序，确定出发列车总数 n 和各出发列车的需求车流量 $b_j(j=1,2,\cdots,n)$。

(4)按照上述方法和原则，顺序依次为到达列车确定代价的矩阵系数 p_{ij}；同时考虑接续时间不够的车流。

2. 配流模型的遗传算法设计

遗传算法的设计是指完成遗传算法的具体方法，包括染色体表示、初始群体的设定、适应度函数、遗传操作(包括选择、交叉、变异等)和控制参数的确定等 5 个部分。

(1)染色体的表示和生成初始种群

基于遗传算法不能直接处理解空间的解集数据的特点，而染色体是遗传信息传递的载体。首先需要对配流模型中的决策变量进行编码处理，将其表示为遗传空间的基因串结构数据。如果采用二进制编码的话，存在着缺陷，一方面由于站场的车流资源数目太多，个体的编码串长度太短，可能达不到精度；而个体编码的长度较大时，虽然可以提高编码的精度，但会使问题的搜索空间急剧扩大：另一方面二进制编码不便于反映所求问题的特定知识，这样也不便于开发针对问题专门知识的遗传运算算子，不一定能准确的描述出车流资源的实际情况。而用自然数编码表示更接近问题的本身，且自然数编码在解的质量和算法效率方而均优于二进制编码，所以在此采用自然数编码。

一般遗传算法的初始种群个体都是通过随机方法产生的。在此先对到达车流和出发列车编组内容资源约束进行处理，具体做法是：随机产生一组个体，满足 $\sum_{j=1}^{n} X_{ij} \leqslant a_i$ 条件的作为初始种群中的个体，不满足条件的去掉。这样产生的初始种群中的个体都满足车流的满轴约束。

(2)设计适应度函数

适应度函数是遗传算法中评价解集好坏的依据。评价个体适应度一般需要如下过程，首先要得到个体的表现型；接着由个体的表现型计算出对应个体的目标函数值；最后根据最优化问题的类型，由目标函数值按一定的转换规则求出个体的适应度。

配流模型的目的是满足出发列车可以满轴正点，转化为求解式(4-15)的最小值。因此适应度函数直接取为目标函数，即

$$eval = \sum_{i=1}^{m} \sum_{j=1}^{n} p_{ij} x_{ij} \tag{5-6}$$

(3)选取交叉规则

在生物的自然进化过程中，两个同源染色体通过交配而重组，形成新的染色体，从而产生出新的个体或物种。在遗传算法中也使用交叉算子来产生新的个体。以保证种群中个体的多样性，并使新群体中的个体朝期望的方向进化。对于不同的自然数编码方式，我们采用选用算术交叉(Arithmetic Crossover)。算术交叉是产主两个完全由父代线性组合而成的子代，假设在两个个体 X_A^t 、X_B^t 之间进行算术交叉，则交叉运算后所产生出的两个新个体是：

$$X_{AD}^{t+1} = rX_A^t + (1-r)X_B^t \tag{5-7}$$

$$X_{BD}^{t+1} = rX_B^t + (1-r)X_A^t \tag{5-8}$$

式中，r 为(0,1)之间的均匀分布随机数。但是这样处理的话，有可能出现个体为小数的情况，为了使解始终在取值范围内，我们使用取整运算[ ]。即

$$X_A^{t+1} = [X_{AD}^{t+1}] \tag{5-9}$$

$$X_B^{t+1} = [X_{BD}^{t+1}] \tag{5-10}$$

(4)选取变异规则

非均匀变异(Non-uniform Mutation)可使得遗传算法在其初始运行阶段进行均匀随机搜索，而在其后期运行阶段进行局部搜索，所以它产生的新基因值比均匀变异所产生的基因值更接近于原有基因值。所以随着遗传算法的运行，非均匀变异就使得最优解的搜索过程更加集中在某一最有希望的重点区域中，本书在此也采用非均匀变异规则来产生新的个体。

非均匀变异的具体操作过程是随机选取一个个体 $X_i^t = x_{i1}x_{i2}\cdots x_{ik}\cdots x_{in}$，对 X_i^t 执行非均匀变异使其转变为 $X_i^{t+1} = x_{i1}x_{i2}\cdots x'_{ik}\cdots x_{in}$，假设 x_{ik} 处的基因值取值范围为$[a_k, b_k]$。那么 x'_{ik} 的基因值由下式确定：

$$x'_{ik} = \begin{cases} x_k + (b_i - x_k)\Delta(r_{i1}, g) & r_{i1} \geqslant 0.5 \\ x_k - (x_k - a_i)\Delta(r_{i2}, g) & r_{i1} \leqslant 0.5 \end{cases} \tag{5-11}$$

式中，$\Delta(r_{i1}, g)$ 为 $[r_{i2}(1-g/G)]^m$；r_{i1}, r_{i2} 为(0,1)之间均匀分布的随机数；g 为当前代数；G 为最大进化代数；m 为系统参数，它决定了随机扰动对进化代数 g 的依赖程度。

这一变异规则限定了变量的上下界，产生的子代不会超出约束的范围，且变异是个子适应过程，即随着迭代次数的增加变异程度逐渐减少，有利于迭代过程的收敛。

(5)确定选择算子

选择遵守优胜劣汰的原则，在现有群体中寻优，从而使得群体中的优秀个体数量不断增加，使得整个进化过程朝着更优化的方向进行。选择算子有很多种，在此采用最优保存策略进化选择法。

(6)终止判据选择

终止判据是用来决定什么时候停止模拟进化，返回最后得到的结果。

由于求解资源分配两层规划问题时，最优解事先无法知道，所以采用给定一个最大迭代次数作为终止判据。

3. 配流模型的遗传算法求解过程

上文具体分析了遗传算法求解具体问题的参数设定，利用其进行配流计算，编制程序简单，隐含并行性能加快优化速度，可以有效利用全局信息。用遗传算法解决配流问题需要完成以下步骤：

第一步，对到发线上待解列车、调车场现在车、预确报将要到达列车和作业完毕车进行预处理，划为单一车流的列车。

第二步，按照上述原则确定代价，为遗传算法进行遗传操作做准备。

第三步，对问题搜索空间的决策变量进行编码，编码形式采用自然数编码；初始化群体，给出一个有 N 个染色体的初始群体；设置遗传操作参数，交叉概率 p_c，变异概率 p_m 等，$t=1$。

第四步，对群体中的每一个染色体计算适应函数

$$f_i = \sum_{i=1}^{m}\sum_{j=1}^{n} p_{ij}x_{ij} \tag{5-12}$$

第五步，检查是否满足停止规则，若满足则停止；否则计算概率

$$p_i = \frac{f_i}{\sum_{j=1}^{N} f_j} \qquad i = 1,2,\cdots,N$$

第六步，按照第三步中设定的交叉概率 p_c 对群体进行交叉操作，得到一个有 N 个染色体的 $crosspop(t+1)$。

第七步，按照第三步中设定的变异概率 p_m，使得一个基因发生变异，形成 $mutpop(t+1)$；$t=t+1$，一个新的群体 $pop(t)=mutpop(t)$；返回第四步。

第八步，满足结束条件，算法结束。

第六章　基于 Agent 的智能车流预测决策支持系统的分析与设计

一般来说，任意一个复杂系统或问题，都可以划分为多个相对独立的子系统或子问题，分别分配给不同的 Agent 来实现，若在求解过程中问题无法解决，或者对问题求解的质量不满意，或者是求解过程过于复杂，可将问题继续分解直至得到满意解，对不可独立解决的问题则向它其子系统求助，进行联合求解。这些划分的子系统就是 Agent 个体。

路网车流动态预测就属于该类复杂问题，通过车流预测对路网车流进行有预见性的调整对于铁路运输调度指挥工作中具有十分重要的意义。本书基于 Agent 通用模板结构提出了一种智能车流预测决策支持系统结构，该结构可以按照铁路运输组织机构的设置，分别为三级车流预测决策部门提供所需要的决策支持信息。

目前智能决策支持系统（IDSS）发展中所遇到的问题利用传统的方法很难解决，而诞生于 DAI 领域的 Agent 技术由于自身所具有的特点成为解决这些问题的一条有效途径，这就是设计基于 Agent 的智能辅助决策系统的最主要的原因。

第一节　Agent 技术对智能辅助决策系统的影响

IDSS 经过多年的发展取得了许多成果，但是也遇到了下面的一些问题：

（1）大规模复杂的结构化、半结构化甚至非结构化的决策问题的求解需要众多领域的专业知识，因而需要有一个庞大的知识系统。然而通常的 IDSS 一般使用集中式的知识表达系统，而这种系统在知识的管理，维护上存在许多困难，并会降低推理效率，延长响应时间。

（2）基于人类智力活动在脑细胞间的并行性，通过孤立的智能单元很难解决复杂问题，所以通过模仿人类的智力活动，建立智能单元及单元间的协作成为解决复杂问题的一个重要途径。而在通常的 IDSS 中，很难实现这个方法。

(3)传统 IDSS 的模型库管理，通常是按照数据库的形式进行组织，这不利于模型之间的相互合作求解问题。

(4)传统的 IDSS 一般采取的是直接操纵式界面，随着任务复杂性的增加，用户的操作过程越来越繁琐，这往往会影响到系统的实际效果。

(5)交互界面不够友好，对操作人员的要求较高，而且缺乏主动性。用户不仅期望“所见即所得”，更期望达到“所想即所得”。换句话说，就是希望系统可以主动地、适时地、恰如其分地提出信息、问题或建议。

解决(1)和(2)两个问题目前的最好办法就是引入分布式人工智能技术(DAI)，而利用从 DAI 中发展起来的 Agent 技术来构造 IDSS 可以说是一种非常自然的技术合作。通过基于 Internet/lntranet 的节点构建具有自治性的智能 Agent 的物理分布结构，并且通过自治智能 Agent 间的相互合作来解决复杂问题是一种现实可行的方法。由多个相对独立的可相互交互的 Agent 所形成的模块化结构，具有易构造、维护性和适应性好等特点，同时还可减少问题处理的复杂性。另外，通过拥有不同专业性知识的 Agent 合作，可以将某个复杂问题分配到相应的 Agent 上进行并行处理，提高解决问题的速度。

对于问题(3)，用 Agent 技术来构造模型库和模型库管理系统可以利用 Agent 的特性，使基于多 Agent 系统(MAS)建造的 DSS 模型库系统较好地实现模型与数据、模型与方法的集成、共享与重用，并可大大减少模型库管理系统的工作。

对于问题(4)和(5)，通过界面 Agent，可实现人机智能结合，通过多 Agent 系统的集成，可提高人—机系统的综合智能水平，可以为人和机器的双向通信提供友好交互、自然对话的条件，构成人机协调系统。例如，可以理解用户发出的命令、并替代用户进行数据库搜索或代替用户记录和处理信息等。

由此可见，Agent 技术为解决智能辅助决策系统设计和开发中所遇到的问题提供了一个很好的途径。此外，第二章中所提到的 Agent 特性对智能决策系统的设计和实现也有很大帮助。

第二节　基于 Agent 的智能车流预测决策支持系统

一、基于 Agent 的智能车流预测决策支持系统描述

本书所设计的基于 Agent 的智能车流预测决策支持系统(AIDSS-WF)可以用一个多元组来描述。

$$\text{AIDSS-WF}=(N,U,F,C,F1,F2,F3,F4)$$

上式中,N 是网络节点的集合,U 表示用户接口 Agent 的集合,F 是实现车流预测的各级 Agent 的集合,C 表示系统中协调 Agent 的集合,$F1$、$F2$、$F3$ 和 $F4$ 是映射。

$F1:U\rightarrow N$,描述用户接口 Agent 在网络上的分布情况;

$F2:F\rightarrow N$,描述车流预测 Agent 在网络上的分布情况;

$F3:C\rightarrow N$,描述协调 Agent 在网络上的分布情况;

$F4:F\rightarrow C$,描述车流预测 Agent 和协调 Agent 的关系。

二、AIDSS-WF 结构

本书所设计的基于 Agent 的智能车流预测决策支持系统(AIDSS-WF)结构如图 6-1 所示。

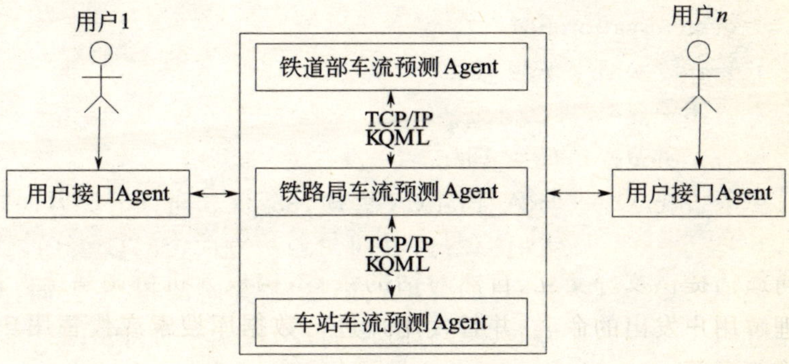

图 6-1　AIDSS-WF 结构

图中铁道部车流预测 Agent、铁路局车流预测 Agent 和车站车流预测 Agent 之间的关系如图 6-2 所示。对于没有车站系统的车站,车流预

测的主要功能由铁路局车流预测 Agent 完成，已有车站系统的车站由车站级 Agent 进行车流预测。各 Agent 之间可以利用 KQML 语言进行通信，下面说明铁道部、铁路局和车站之间进行对话的过程。

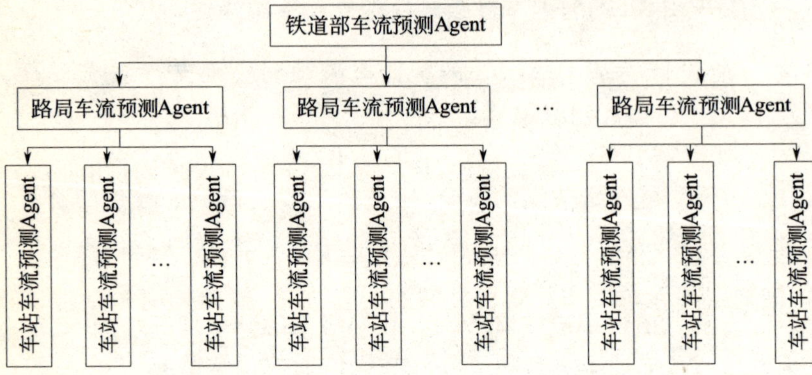

图 6-2　三级车流预测 Agent 之间的关系

以某日某铁路局对其货运工作日计划上报铁道部进行审批为例，说明铁路局和铁道部之间的对话过程（*R* 表示铁路局，*M* 表示铁道部）：

```
(ask-one
    :sender         R
    :receiver       M
    :conversation   RM-1
    :reply-with     RM-1-1
    :language       Prolog
    :ontology       RA_Plan
    :content        "RA_Plan(A去向,35;B方向,50;C方向,65;D
                    方向,43;E方向,11;F方向,28;G去向,110;H
                    方向,136;I方向,42;J方向,365;K方向,480;L
                    方向,2215;M去向,264;N方向,168;P方向,50;
                    Q方向,25;R方向,38;S方向,5)")
(tell
    :sender         M
    :receiver       R
```

```
    :conversation RM -1
    :reply-with   RM -1-2
    :in-reply-to  RM -1-1
    :language     Prolog
    :ontology     RA_Plan
    :content      "RA_Plan(A 去向,30;B 方向,44;C 方向,62;D
                  方向,52;E 方向,15;F 方向,27;G 去向,100;H
                  方向,117;I 方向,42;J 方向,337;K 方向,475;L
                  方向,2164;M 去向,274;N 方向,163;P 方向,47;
                  Q 方向,24;R 方向,36;S 方向,5)")
```

同理可建立车站和铁路局之间的交互过程，铁路局向车站传输日班计划、阶段计划，车站向铁路局传输车站修改计划，如下所示（*R* 表示铁路局，*S* 表示车站）。

```
(ask-one
    :sender       R
    :receiver     S
    :conversation RS -1
    :reply-with   RS -1-1
    :language     Prolog
    :ontology     STAGE_Plan
    :content      "STAGE_Plan(上下行、作业类型、车次、图定车
                  次、接续车次、机车号码、时间、列车类型、备注、甩
                  挂情况、车辆编组内容(方向、车数、标志))")
(tell
    :sender       S
    :receiver     R
    :conversation RS -1
    :reply-with   RS -1-2
    :in-reply-to  RS -1-1
    :language     Prolog
    :ontology     STAGE_Plan
```

:content “STAGE_Plan(上下行_R、作业类型_R、车次_R、图定车次_R、接续车次_R、机车号码_R、时间_R、列车类型_R、备注_R、甩挂情况_R、车辆编组内容_R(方向、车数、标志))”)

第三节 铁道部车流预测 Agent 的功能结构

一、铁道部车流预测 Agent 的设计目标

铁道部车流预测 Agent 的设计目标是：

(1)根据月计划制定并下发轮廓计划。

(2)对铁路局根据轮廓计划确定的局计划进行审核并向铁路局下达日计划。

二、铁道部车流预测 Agent 的结构

铁道部车流预测 Agent 的结构如图 6-3 所示。

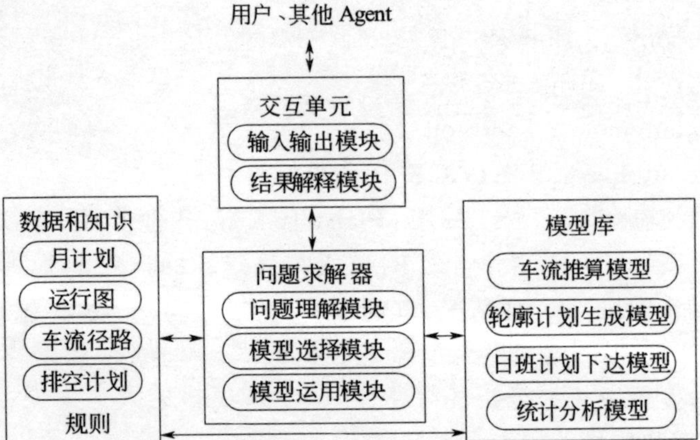

图 6-3 铁路局级车流预测 Agent 功能结构

1. 交互单元

用户通过输入界面输入命令、要求等，结果解释器对预测结果进行解释，通过输出界面以直观的形式体现给用户，从而使得调度员这类非专业

用户可以方便地使用。

2. 问题求解器

通过和用户相互交互，问题求解器对需要求解的问题充分理解，通过问题理解模块将理解的问题转换成系统语言指令，为解决问题打下基础。在该结构中，用户只需给出大体的指导即可以控制系统的运行，而不必显式地告诉计算机具体的行为。在对问题理解后，选择并运用选中的模型进行问题求解。

3. 模型库

模型库包括车流推算模型、轮廓计划生成模型、日班计划下达模型和统计分析模型等，在运用模型进行求解的过程中，模型需要对数据进行访问，模型对数据的访问采用 ODBC 技术，使程序无需关心数据库属于何种管理系统而直接操纵数据库。

4. 数据和知识

数据和知识包括月计划数据、运行图、车流径路、排空计划以及车流预测的规则等，供车流预测模型求解使用。

第四节　铁路局车流预测 Agent 的功能结构

一、铁路局车流预测 Agent 的设计目标

铁路局级车流预测 Agent 的设计目标是：

(1)快速编制日(班)计划(以 3 h 为间隔，故包含阶段计划)。

(2)准确调整车流计划。

(3)初步实现与其他子系统的信息共享。

总的来说，就是为铁路局计划调度员提供一个简便、快捷的图形化工具，成为调度员决策和分析的好帮手，减少调度员的人为失误，提高计划调度的效率和质量。

1. 快速编制日(班)计划

(1) 能够按照基本运行图自动生成车流表(运调 11)

对于这项并不复杂的工作，在手工操作模式下计划调度员每天却要花 30 min 的时间来完成。铁路局车流预测 Agent 能够将基本运行图在上班开始自动上图。

(2) 自动推算车流

在手工操作模式下,要通过人工使用算盘分步计算,不但费时费力而且容易出错。铁路局车流预测 Agent 能使计划调度员随时了解到达、出发、结存的车流数目,实现自动推算车流。

(3) 按照编组计划的内容,自动确定编车计划

在原有模式下这是一项工作量最大的工作,同时也是影响日(班)计划质量高低的一项重要内容。而铁路局车流预测 Agent 能够保存到达和结存的车流数据,并快速按照设定好的程序自动完成编车计划。在这一步骤中调度员只要确定特殊车流去向、上级要求和重点事项,其他的工作均由计算机按照确定的原则和框架进行。

(4) 各铁路局间的车流信息自动交换

人工完成数十列列车车流的交换,主要通过运调 20(分界站接入计划与实际表)的几张图表来完成,需要做很多的准备工作。而铁路局车流预测 Agent 能够方便地进行信息交换。

2. 准确调整车流计划

由图 6-4 可见,通过从外部系统中进行数据抽取,车流预测 Agent 能够为调度员进行车流调整,获取准确的信息发挥较好的作用。

3. 初步实现与其他子系统的信息共享

首先是相邻铁路局之间实现信息的共享:其次实现与其他子系统的信息共享;第三实现铁路局车流预测系统与上级车流预测系统的信息交流。譬如计划调度员可以查看行调子系统的信息,并根据行调组织列车运行的情况作相应调整;可实时监督行调的工作,实现计划调度员对行调的管理职能等。

二、铁路局车流预测 Agent 的结构

铁路局级车流预测 Agent 结构如图 6-4 所示,由交互单元、总控模块、黑板结构、输出模块及功能组件和数据抽取部分组成。该 Agent 通过交互单元与其他 Agent 或用户进行通信或交互。

1. 黑板结构

黑板模型是一种高度结构化的问题求解模型,该车流预测 Agent 是基于这一模型实现的。在图 6-4 的结构中,各部分之间通过黑板结构发

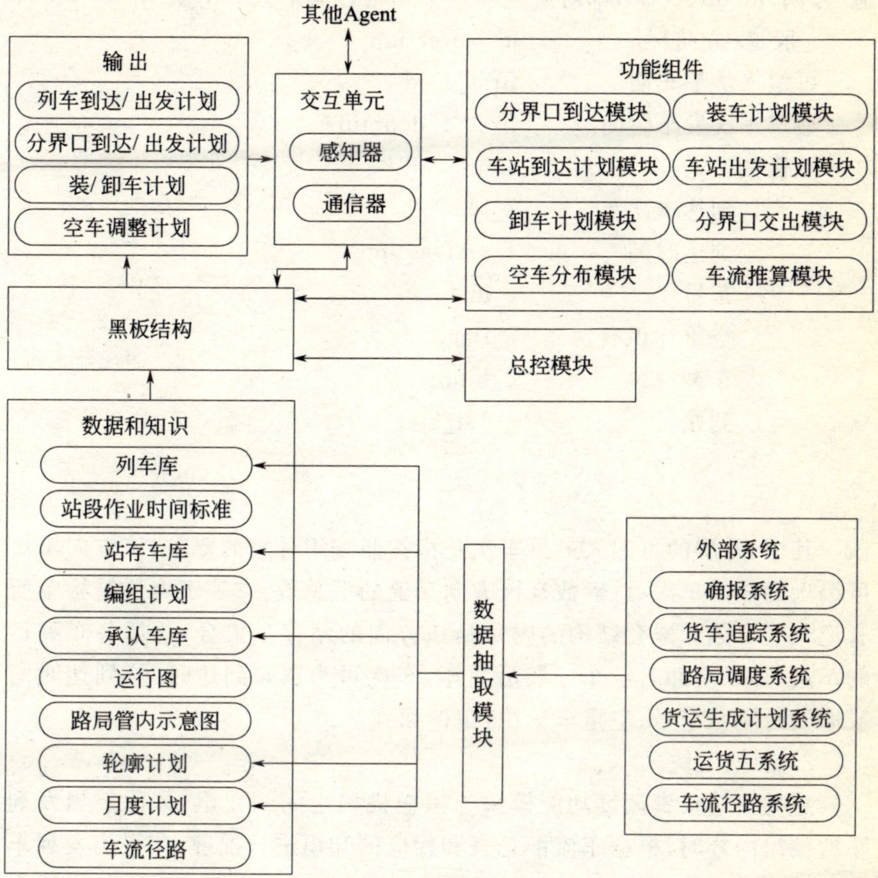

图 6-4　铁路局级车流预测 Agent 功能结构

生交互作用。黑板结构主要用来记录 Agent 运行的过程，存放运行中间结果、数据和状态，使各种不同类型的知识相互协调工作。实际上，黑板中存放的是协调用的所有全局变量，用于辅助主控程序和各模块的执行。在该黑板结构中存放的两个主要结构是车流推算库和结果表。结果表中存放的是计划编制过程中的中间结果和编制结束后的最终结果，如列车到达计划、空车调整结果、装卸车计划等；车流推算库是该结构的核心部分，它是一个嵌套的结构，外层和内层之间的关系是“一对多”的关系。外层是股道信息（方向号信息），内层是该股道（方向）站存车集合，每一条股

道(方向)id_direction,都对应这样一个结构。其形式如下所示:

```
{ 股道(方向)号        id_ direction
可编入最早车次        first_1_id
最早车次发车时间      first_1_dep_time
总辆数                sum
    { 到达车次        1_id
      到达时间        1_arrive_time
      车号            c_id
      空重标识        c_flag
      车种            c_kind
      到站            c_1st_sta
    }
}
```

其中,外层的可编入最早车次是指按照编组计划的要求,该方向车流可编入的最早车次;总辆数是该方向车辆的汇总数,它等于内层结构中所有记录的个数。嵌套结构的内层是该方向的站存车集合,包括各车到达的车次(如果是卸后空车或装后重车,车次可为空)、到达时间(到达时间或取回时间)、车号、空重车标识、车种和到站。

2. 总控模块

总控模块负责调度功能模块与黑板机构之间的通讯:如确定出发列车的编组内容时,根据车流汇总表和相应的知识进行推理,获得出发列车的编组内容,写入黑板结构的结果表中,同时修改车流汇总表中的最早车次、最早车次发车时间、结余辆数、总辆数、成列辆数等内容。

3. 功能组件

功能组件中各模块的实现过程见第四章,此处不再赘叙。

4. 数据抽取模块

数据抽取模块把确报系统中的确报、货车追踪系统中的列车信息、铁路局调度系统中的行调信息、货调信息和军特调信息、货运生产系统中的请求车计划以及运货五中的承认车计划等信息进行一定的转换后存于相应的库中。各外部系统与该 Agent 的数据关系如下:

(1)确报系统。确报系统是车流的一个来源,提供到达某编组站列车的详细情况，实现与确报系统的接口，可以进行自动入流。对于没有确报的车流，可以通过货车追踪系统来实现入流。

(2)货车追踪系统。货车追踪系统是车流的另一个来源，由于确报存在漏报和错报等问题，导致其准确率较低，因此对有确报的车流，可以通过和货车追踪系统中车流数据的匹配提高车流的准确性；对于没有确报的车流，由该系统提供车流数据；对于确报系统和货车追踪系统都漏掉的车流，可以模拟人工方式进行方便快捷的录入。

(3)铁路局调度系统。铁路局调度系统包括行调、军特调、机调(本书暂不考虑有关机车方面的内容)及货调等。行调系统根据列车到达计划(各方向到达列车的车次、到达时分及编组内容)、列车出发计划(各方向出发列车的车次、出发时分及计划的数据)进行行车指挥。按照列车编组计划所规定的列车种类和列车数(并考虑适当波动)，在运行图上铺画相应的货物列车运行线。运行图上铺画的运行线，应与车流密切配合。行调系统提供列车实际和计划到达编组区段站的时刻，中间站实际甩挂车信息。军特调提供有关军运、特殊货物运输的有关事项和请求。货调系统根据装车计划(管内各站的总装车数、品类及去向别的装车数，直达、成组装车的列数，组数及车数)、卸车计划(管内各站卸车数)，提供本阶段内货场和专用线能装卸完毕的车辆(重车分去向，空车分车种)的情况，调车场内现车情况，待解车列的现车情况。

(4)货运生成计划系统。提供请求车信息。

(5)运货五系统。提供管内各站承认车信息。

(6)车流径路系统。根据《货物列车编组计划规则》，编组好的车流其去向是确定的。因此，对于每列出发列车可调用车流径路系统得到该列车的走行径路以及它到达下一编组站的时间。

5. 交互模块

各铁路局之间需要进行日常的信息交换，主要是分界口接入计划与实际表之间的数据进行交换，得到次日由分界站接入或由局管内其他车站编组到达某编组站的车流。

6. 输出模块

铁路局车流预测的功能主要是输出编组站到达/出发计划、技术站及区段站车辆甩挂车计划、分界口到达/出发车流计划、装卸车计划及空车调整计划等。编组站出发计划规定推算阶段内开行列车的车次及其编组内容，而该阶段内所开行的列车数可能与列车开行方案不同，为保证列车运行组织的优化，在选定车次时，必须注意：列车按一班四个阶段基本均衡；阶段计划列车对数小于或大于选定的列车运行方案时，选定列车车次时，应首先保证核心车次的开行，按阶段均衡地安排停运、加开列车车次，或选用与阶段计划列车对数相适应的分号运行图；列车出发计划要确保排空列车的开行；分界站列车对数的波动应有一定的限制。铁道部指定的限制口，未经批准不得向上波动；对于行车量较小的区段，始发的列车无适当车次使用时，可定制临时定点列车，但其旅行时间不得超过本区段内同种列车最长的旅行时间。根据所选定的出发列车计划，形成分界口交车计划，该计划不仅是本局 3 小时阶段计划的结果，而且也是邻局编制 3 小时阶段计划的资料，因此，分界口交车计划应通过交互模块及时与邻局车流预测 Agent 交互，以满足邻局编制 3 小时计划的需要。

第五节　车站车流预测 Agent 的功能结构

考虑到车站的级别和类型，为保证系统的通用性，本书所设计的车站车流预测 Agent 的功能可实现各种类型车站的车流推算。

对于有车站系统的车站(含技术站和中间站)，由于车站系统可提供车站现车分布状况，调车场存车情况，到达场待解列车的车次、编组内容，货场、专用线待取的去向别重车、车种别空车数量、待装待卸车数和预计作业完了时间，车辆段、站修线检修毕的车种别车数，车种别检修车数，在发车线待发的列车车次、机车来源、出库情况、发车准备程度等信息，因此可以由车站自行进行车流预测。

一、车站车流预测 Agent 的设计目标

车站车流预测的目标是确定各车次出发列车(无改编中转列车除外)的编组内容和车流来源(包括摘挂列车的甩挂车情况)，以保证列车按照运行线正点发车。

除了上面提到的车站系统可提供的现车外，车流来源还有一部分是

铁路局下达的到达计划，以及本站的装卸车计划和排空计划。由于列车的到达计划基本上是由铁路局下达的，因而不需要自行推算。装卸车计划的核心内容是推算该阶段的有效卸车数。当有效车数推算出来后，在保证排空车数的前提下，装车的空车来源就得以保证。当装车的空车来源能够确定后，剩余的主要问题实际就是推断该阶段内能装卸完毕的车辆可以作为哪些出发列车的编组内容，即被哪些出发列车挂运。这样，除去装卸车数的推算外，装卸车作业的实施，实际上影响着车站某时刻重、空车流车数的增减。在另一方面出发计划编制的核心是推算和落实接续每一出发列车的车流，而推算接续出发列车的车流不仅包括推算到达改编的中转车而且包括本站装卸车的推算过程。总之，本站作业车最终也要作为出发列车的接续车流的一部分。排空计划是根据铁路局下达的排空任务，按指定的排空车次、车种和车数进行安排的。因此，排送空车的出发列车，可以认为其编组内容部分已经确定，因而在编制列车出发计划时，可以将排送空车的出发列车作为编组内容部分已知的一类特殊的出发列车，这样就只需推算其车流来源及未知部分的编组内容。

因此，车站车流预测 Agent 的设计目标就是根据编组计划的要求，由到达计划、站存车、装卸车计划和排空计划等推算出发列车的车流来源，编成新的某方向的列车并确定其出发时刻，从而形成车站的出发计划。

二、车站车流预测 Agent 的结构

车站车流预测 Agent 的结构如图 6-5 所示，各部分分别介绍如下。

1. 静态数据

车站中的有关资料信息，与车流预测有紧密的联系。包括车流推算必需的车站平均作业时间，编组出发列车依据的编组计划、运行图和车流径路等，以及车站技术设备等相关数据，通常来说这些数据一般比较稳定，不会经常被修改。

2. 动态数据

每阶段列车出发计划、排空计划、装卸车计划等包括了我们每次推算要达到的目的；到达列车、预确报信息和货源数据、站存车数据是达到推算目标的前提条件，我们正是依照这些数据来进行车流预测的。

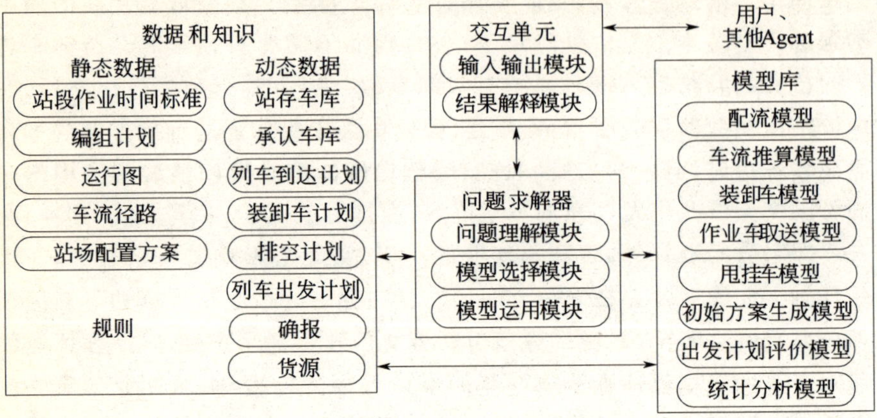

图 6-5　车站车流预测 Agent 结构

3. 交互单元

见第三节二。

4. 问题求解器

见第三节二。

5. 模型库

模型库包括配流模型、车流推算模型、出发计划评价模型等。与第三节二相同,在运用模型进行求解的过程中,模型对数据的访问采用 ODBC 技术,使程序无需关心数据库属于何种管理系统而直接操纵数据库。

第六节　系统中的数据、知识与知识表达

一、数据与知识

图 6-3、图 6-4 和图 6-5 中的数据大致可以分为这样几类:

(1)有关车站、铁路局整体性的描述数据。这类数据主要包括对车站的车场站型布置,各车场股道的描述数据;另外还包括对编组站和相邻区段的衔接方向等的描述;以及铁路局间分界口、所辖车站性质等问题的描述。

(2)描述车站技术设备使用方案的数据。这部分数据包括到发线的

固定使用与活用方法；调车场股道的使用与活用方案；货场专用线的使用方案等。

(3)车站技术作业时间指标数据。这部分数据一般情况下的到、解、编、发、取、送、装、卸、交接班、吃饭、调机加煤水等作业与辅助作业的平均时间指标以及特殊情况下的时间指标，如解体配合编组情况下的编组时间等。

(4)铁路运输组织资料性数据。这部分数据包括列车运行图、列车编组计划。

(5)动态的计划数据。该部分数据之所以称为动态数据，是因为它们相对于上述数据而言在一天甚至一个阶段内发生变化，其变化频率为一班或一个阶段；而上述四类数据的变化频率至少大于一个月。

这部分数据主要是每日铁道部下发各铁路局的轮廓计划、停限装命令及铁路局下发各车站的列车到发计划、排空、装卸车计划以及确报、货车追踪和货源数据。

(6)系统初始时刻的站存车数据。该部分数据主要是指预测初始时刻车站各股道结存的各去向/车种别的车辆数。

从知识工程(KE)的观点看，这些知识要想使计算机能够“理解”，必须表达成计算机中的某种逻辑关系，反映在数字计算机当中就是组织成为某种数据结构的数据。所以从这个意义上讲数据是知识的载体；知识是相关数据的高层综合，而所谓知识表达是这种综合的结构化表现。知识和数据在程序中都是以数据库的组织形式管理的。在本系统中由于各类数据的用途和作业不同，仍沿用 AI 中的概念将某些用于推理过程的数据称为“知识”。

基于 Agent 的智能车流预测决策支持系统所使用的知识从层次上可以分为如下几类：

(1)常识性知识或事实性知识。这类知识主要用于对某些实体的描述，例如列车、车辆等。这类知识对于人类而言常常是显而易见的。例如 12121 次为一到达列车这样的事实，对于人类而言，自然理解这样一列到达列车必然具备到达时间、到达方向、有调/无调、编成辆数等属性；然而除非在程序中对列车的属性做一完整的描述，否则计算机仅仅知道 12121 次是一列车而并不具备关于该列车的完整的知识。

(2)资料性知识。在推理过程中还需要用到一些有关实体约束的资料，这类资料被称之为资料性知识，如列车运行图、编组计划。

(3)过程性知识。在解决某具体问题时需要用到一系列的步骤和方法，这些步骤和方法即为过程性知识，例如判断某到达车组是否可以编入某出发车次。这些知识按其解决问题的领域分类便于处理。

(4)元知识。所谓元知识是控制知识使用的知识，或者说控制推理的知识。例如在挑选可接续某出发列车的有效车确定该出发列车的编组内容时，是一辆辆地凑还是按某种方式很快凑够轴，这就需要某种知识来控制推理过程，这种控制推理过程的知识即所谓的元知识。

(5)经验性知识。经验性知识是指可以用以解决问题但又无法说出所以然的知识，目前所构造的系统中有关到发列车的接续概率实质上就是这种经验性知识。

通过以上分析，可以看出车流预测所需要的(1)、(2)、(4)类数据实质上是描述调度员所掌握的知识，其中(1)、(2)类数据是对常识性知识的描述，而(4)类数据则是资料性知识的数值表述。所以，在计算机实现中，系统的数据库中仅存储(3)、(5)类的数据，而把(1)、(2)、(4)类数据按一定形式加以组织，作为常识性和资料性的知识加以存储。

二、知识表达

基于知识的系统的智能性实质上是指以系统所具有的知识来描述系统完成智能行为的能力。智能化的计算机求解程序则意味着在解决非确定性的或非结构化的问题时，计算机可以运用程序“理解”被称为知识的某种数据结构产生“有知识”的行为。这样，要使得程序处理具备智能性，就首先要采取某种方式将处理中使用的知识映射成为程序中的特定的数据结构和解释过程，即进行知识表达。

知识的表达主要涉及两个方面：一是语法(数据)结构；二是语义(解释)过程。在目前的若干种知识表达方法，如产生式、语义网、框架与剧本当中，产生式结构比较适合于描述过程性的语义，而语义网则相对更适合于描述诸如事实、关系之类的描述性语义，框架结构介于二者之间。该系统在实现中将常识性、资料性的知识以框架结构表示，而将过程性的知识表述为产生式结构。

例如框架的基本形式，框架由框架名和若干个槽组成，每个槽又包含若干个侧面，每个侧面又包含若干个值。

〈框架名〉
〈槽名 1〉 〈侧面 11〉(〈值 111〉〈值 112〉…〈值 11k〉)
　　　　 ……
　　　　〈侧面 1m〉(〈值 1m1〉〈值 1m2〉…〈值 1mk〉)
　　　　……
〈槽名 n〉 〈侧面 n1〉(〈值 n11〉〈值 n12〉…〈值 n1k〉)
　　　　 ……
　　　　〈侧面 nm〉(〈值 nm1〉〈值 nm2〉…〈值 nmk〉)

本书采用如下符号约定："＃＃"后表示框架(规则)名，"＃"后是槽名(规则中是前件、后件)，"@"后为侧面名，"AKO"表示槽中存放的是父框架名，"CONSIS_OF"表示槽中存放的是子框架名，"procedure"表示一个过程，"?"表示判断语句或求值，"TABLE"表示查表。

如出发列车的框架表示：

＃＃出发列车
　　＃车次：24002
　　＃到达时间：18：00
　　＃出发时间：21：00
　　＃到站：襄樊北
　　＃发站：株洲北
　　＃类型：直通列车
　　　　　@车组 1：襄樊北及其以远
　　　　　@车组 2：空车
　　＃编成辆数：50

第七节　编组站车流预测 Agent 实现过程分析

本节以编组站 s_1 对其 18 点至 21 点的车流进行预测为例，说明车流预测 Agent 的实现过程。

一、收集原始数据

1. 到达车流

该编组站车流预测 Agent 可以利用 KQML 语言同相邻所有的车站 Agent 进行通信，询问是否有列车发往该站，则相邻车站 Agent 会根据自己的情况，作出响应，从而使编组站 s_1 获取在推算阶段内可以到达的车流信息。

设其相邻车站为 s_2，假设本阶段内(即 18:00～21:00)可以到达的列车为 s_2 站出发的 44161(7/20,C/19)、85978(1/24,2/26)、25412(1/6,2/43)、16001(6/8,7/31,C/13)、44116(2/45)、44163(7/10,C/10)、25402(1/2,2/50)、37009(5/2,7/25,C/2,N/12)，则通信过程如下所示：

```
(ask-all
    :sender         s1
    :receiver       s2
    :conversation   SS-1
    :reply-with     SS-1-1
    :language       Prolog
    :ontology       Arrv_Trn
    :content        "Arrv_Trn(车次,编组内容(方向号/车数))")
(tell
    :sender         s2
    :receiver       s1
    :conversation   SS-1
    :reply-with     SS-1
    :in-reply-to    SS-1-1
    :language       Prolog
    :ontology       Arrv_Trn
    :content        "Arrv_ Trn(44161(7/20,C19),85978(1/24,2/
                    26),25412(1/6,2/43),16001(6/8,7/31,C/13),
                    44116(2/45)、44163(7/10,C/10),25402(1/2,2/
                    50),37009(5/2,7/25,C/2,N/12))")
```

2. 站存车流

设编组站 s_1 在该推算阶段内的站存车情况见表 6-1。

表 6-1　站存车数据

方向号(车种)	1	2	3	4	5	6	7	8
车数	25	51	0	0	11	7	151	0
方向号(车种)	P	C	N	G	B	其他	守车	—
车数	67	74	10	0	0	14	11	—

站存数据是一种动态知识，以方向号为 1 的站存车为例来说明其框架表示形式。

＃＃站存车

＃方向号：1

＃车数：25

@车号 1：2114

@车号 2：1135

……

@车号 25：3586

3. 上阶段预测的本阶段出发计划

上阶段预测得到的本阶段出发计划见表 6-2。

表 6-2　上阶段预测的本阶段出发计划

车次	出发时间	编组内容（方向号/车数）	车次	出发时间	编组内容（方向号/车数）
25413	18:27	7/31,C/20	44168	18:30	1/8,2/14
25411	18:42	7/27,C/24,N/3	37014	19:30	2/47
44170	19:25	1/10,2/20	86153	20:15	7/47
16002	20:36	2/50	25415	20:45	7/30,C/24

二、车流预测结果

车站车流预测 Agent 在进行车流预测时，由问题求解器调用相应的模型和数据进行推算，得到的车流预测结果见表 6-3。

表 6-3　车流预测结果

出发车次	出发时间	重车	空车	车流数据(到达车次/方向号/车数)
37014	19:30	47	0	站存/2/47
44170	19:25	30	0	85978/1/10,85978/2/20
86153	20:15	47	0	站存/7/47
16002	20:36	50	0	25402/2/50
25415	20:45	30	24	16001/7/30,16001/C/13,站存/C/11

第七章　智能车流预测评价指标体系及评价方法

前面讨论了智能车流预测的理论和方法，其目的是为了建立铁道部、铁路局和车站的三级车流预测系统，以辅助各级调度人员和决策者在实际工作中进行决策。为了能够更加客观公正地反映车流预测的成效，可对其进行评估和评价，这样有助于明确目标，提高效益，并发现存在的薄弱环节，找到解决问题的正确途径。

第一节　评价的基本原理

评价是人类社会中一项经常性的、极其重要的认识活动，是主体运用一定的方法和标准对客体所作的结论性分析，是决策工作的基础和前提。

一、评价和评价系统

1. 评价

评价是指按预定的目的，确定评价指标，并将指标变为客观定量的计值或主观效用的行为。指标是关于目的的框架结构，是对研究对象本质特征的概括。可见，评价是对研究对象功能的一种量化描述，它既可以利用时序统计值按预定的目的，去描述同一对象功能的历史演变，也可以利用统计数据去描述不同对象功能的差异。各种评价结果还可以用来研究对象结构，并为优化结构指明方向。

评价有多种分类的方法。按评价对象所处的阶段，评价分成事前评价、中间评价、事后评价和跟踪评价。按评价模式，可以分成传统评价模式和现代评价模式。

2. 评价系统

评价系统由两部分组成，即评价主体和评价客体。评价主体是参与评价的人的群体，评价客体指被评价的直接对象。在评价时还需考虑评价环境，评价环境是指评价系统的外部环境。

评价系统就其本质来说，是一个信息处理系统，开展评价的过程，是一个将无序信息有序化的过程，这一过程所处理的信息量非常大，只有应用现代科学方法，借助于现代化的计算工具才能实现。

评价包括下面两个要素：

(1)指标体系。指标是指描述评价功能的量。随着人们对世界认识的不断深化，描述评价对象功能的指标往往不止一个，而是若干个，它们一起构成一个多指标系统。

(2)评价方法。对多指标系统中的不同对象，无法直接比较其优劣，必须借助某种评价的方法，将多指标系统转化为单指标系统，以便进行比较。

二、评价指标体系

评价第一步是建立相应的指标体系。指标体系的设置是否科学合理，直接关系到该评价方法的科学性与实用性。指标体系有两个基本特性，即层次性和多样性。层次性表现为层次结构。第一层为最终目标层，其下是准则层和具体指标层，它反映了人们从抽象到具体的思维过程。由于评价客体的复杂性和评价目的的多样性，决定了指标体系的复杂性和多变性，因此如何设计评价指标就成为评价及决策的关键环节。指标体系的构建应遵循如下原则：

(1)客观性原则。选定的评价指标要基于客观事实，要针对评价对象的实际情况，设计既要反映评价目标又要使评价切实可行的指标体系。

(2)系统性原则。评价指标体系应提供为实现评价目的所需的基本内容，保证评价内容的完整。评价指标体系既要能综合体现各要素的不同组合对方案质量的不同影响，同时又要科学合理、切合实际，确定能量化或容易获得的指标。

(3)可操作性原则。评价的指标层次分明，评价指标权重的确定、数据的选取、计算和合成必须以科学理论为依据，便于推理。

(4)可比较性原则。评价指标体系应具有横向及纵向的可比性。

三、评价方法

目前已有很多种评价方法，但不论何种评价方法都必须包含如下两部分内容:一是提供解决不同指标间相互比较的方法;二是构建一个评价函数,来反映评价对象的综合效用或综合水平。这一函数既应反映每个指标的价值取向,又应区别各个指标的重要程度。

1. 评价方法发展阶段及趋势

基于客观标准的评价理论的发展基本上可以划分为三个阶段。

(1)方法独立阶段

评价理论中的每一种主要模型都有其各自的发展时期。

首先是目标模型(Goal Model,GM)。它在20世纪初到50年代末期在评价理论中占据统治地位,基于目标的评价方法也以组织达到确定的目标为基础。该评价方法假设组织由一群理智的决策者控制,而且他们能从整体上为组织设立清晰的且可以定量评价的目标。

其次是系统资源模型(System Resource Model,SRM),出现于20世纪60年代初期。其基本思想是:在给系统带来多种反应时运作该方法,在系统的大小和复杂性不断发展的情况下,对系统的分析和设计就不能仅仅根据各种不同的商业贸易,而必须把组织作为一个协调的系统来分析,组织在环境中的位置也依赖于组织的输入输出而有所不同。该评价方法中比较重要的两个概念是环境的适应和组织的存活能力。

第三是多行动者模型(Multi-Actor Model,MAM),产生于20世纪70年代。其基本原则是:满意的投资者(股东)对于组织的成功负有主要责任。从某种程度上讲,基于多行动者的评价方法是一个多元的方法,它考虑了所有组织行动者和股东的不同观点,承认行动者之间可能发生冲突,并且按照怎样满足行动者的爱好来评价组织的性能。它强调的价值多元论也特别适用于对非赢利组织的评价。

最后是文化模型(Culture Model,CM),产生于20世纪80年代初期。组织的文化会随着自产生理论的发展而发展,基于文化的评价方法主要关注个人如何在组织内部分享文化。系统组成部分的自我生产使系统作为一个整体而不同于其他的组织,也不同于它的环境。在这样的背景下,组织作为一个整体可以通过自产生过程包含一种不同的文化,文化也可以把不同的组织区分开来。评价必须判断组织的行动者是否满意于组织的文化,以及这种文化是否提供改变的机会。

(2)机理互补阶段

研究学者们构建了越来越庞大的评估指标体系，其中的数学模型也越来越复杂，然而可操作性却越来越差，让业界感到无所适从，从而引起评价方法的恶性膨胀。基于客观标准的评价理论相对于主观满意度的评价有更高的理性说服力和可比性，因而一直有很多的学者对于它做了很多研究。而且已经逐渐从早期简单的方法独立阶段向综合灵活的机理互补阶段过渡。

(3)方法集成阶段

在实际应用中，越来越多的人已经充分意识到，目前存在的评价环境过于复杂，仅使用单一的方法评价是不够的，为此需采用集成的策略。

首先是发展互补理论和观点：一是使用系统功能分析促进组织功能动力学的判断；二是使用社会结构分析处理小组冲突问题；三是使用心理分析提供对人们之间关系的洞察。

其次是研究由某种方法所观察到的现象。这种方法使用的变量通常与另外的变量相互联系，不论把哪一种方法应用到现实组织中，都必须完全理解之后才能正确地运用。这不仅需要完全理解每一种评价方法，而且需要完全理解在不同条件下它们的限制和约束条件。

近年来，关于评价理论及方法的探讨方面存在以下趋势。

(1)改进现有的各种评价方法，以期尽可能地消除其在以往的评价活动中表现出的缺陷。

(2)综合几种评价方法，取长补短，较客观的评价被评价对象，从而达到其评价目标。

(3)探索新的评价方法，以期对一些已有的评价方法不能很好评价的对象予以客观评价。

(4)引入其他学科的相关技术，如人工智能技术，应用于客观事物的评价中，这尽管是刚刚起步，却很受期待。

2. 评价方法的具体分类

基本思想、评价测度方法及关键参数选择的不同形成了如此众多的评价方法。有的侧重于定量计算分析，有的侧重于定性评价判断。

传统评价方法因其机理简单，计算量小，而在社会各领域获得广泛的应用，并随着评价科学的不断深入而发展。由于各评价指标无量纲化规则的不同，又可分为综合指数法、功效评分法、TOPSIS 法等几种基本评价方法。

(1)综合指数法

综合指数法是指在确定一套合理的经济效益指标体系的基础上，对各项经济效益指标个体指数加权平均，计算出经济效益综合值，用以综合评价经济效益的一种方法。即将一组相同或不同指数值通过统计学处理，使不同计量单位、性质的指标值标准化，最后转化成一个综合指数，以准确地评价工作的综合水平。综合指数值越大，工作质量越好，指标多少不限。

综合指数法将各项经济效益指标转化为同度量的个体指数，便于将各项经济效益指标综合起来，以综合经济效益指数作为企业间综合经济效益评比排序的依据。各项指标的权重是根据其重要程度决定的，体现了各项指标在经济效益综合值中作用的大小。综合指数法的基本思路则是利用层次分析法计算的权重和模糊评判法取得的数值进行累乘，然后相加，最后计算出经济效益指标的综合评价指数。

(2)功效系数法

功效系数法是根据多目标规划原理，对每一项评价指标确定一个满意值和不允许值，以满意值为上限，以不允许值为下限。计算各指标实现满意值的程度，并以此确定各指标的分数，再经过加权平均进行综合，从而评价被研究对象的综合状况。运用功效系数法进行业绩评价，企业中不同的业绩因素得以综合，包括财务的和非财务的、定量的和非定量的。

功效系数法建立在多目标规划原理的基础上，能够根据评价对象的复杂性，从不同侧面对评价对象进行计算评分，正好满足了企业绩效评价体系多指标综合评价企业绩效的要求。功效系数法为减少单一标准评价而造成的评价结果偏差，设置了在相同条件下评价某指标所参照的评价指标值范围，并根据指标实际值在标准范围内所处位置计算评价得分，这不但与企业绩效评价多档次评价标准相适，而且能够满足在目前我国企业各项指标值相差较大情况下，减少误差，客观反映企业效绩状况，准确、公正评价企业绩效的目的。用功效函数模型既可以进行手工计分，也可以利用计算机处理。有利于评价体系的推广应用。功效系数法虽然与我国当前企业状况和评价对象的复杂性相适应，能够较为合理评价我国目前企业的财务状况和经营成果，但是功效系数法也存在着一些不足。首先，单项得分的两个评价标准——满意值和不容许值的确定难度大，不容易操作，理论上就没有明确的满意值和不容许值。实际操作中一般如下处理，要么以历史上最优值、最差值来分别替代满意值和不容许值；要么在评价总体中分别取最优、最差的若干项数据的平均数来分别替代满意值和不容许值。但是不同的对比标准得到的单项评价值不同，影响综合评价结果的稳定性和客观性。其次，若取最优、最差的若干项数据的平均数来作为满意值和不容许值，最优或最差的数据项多少为宜，没有一个适当的标准。数据项数若取少了，评价值容易受极端值的影响，满意值与不容许值的差距很大，致使中间大多数评价值的差距不明显，即该评价指标的区分度很弱，几乎失去了评价的作用，只对少数指标数值处于极端水平的单位有意义。若平均项数取多了，满意值与不容许值的差距缩小，单项评价值的变化范围很大而且没有统一的取值范围，优于满意值和差与不容许值的单位就多。

(3)TOPSIS 法

TOPSIS 法是以各个评价指标的平方和的平方根为基准值，通过计算加权规范化决策矩阵中行向量与正、负理想点的相对接近程度的大小来权衡评价对象综合效益的评价方法。

以上三种简单评价方法的共同特点是评价函数一般均为每个指标的加权线性函数，评价结论的关键在于使用何种方法确定指标权数。

(4)层次分析法

层次分析法(Analytic Hierarchy Process，AHP)是美国著名运筹学家、匹兹堡大学教授 T. LSaaty 于 20 世纪 70 年代中期提出的，是一种综合定性与定量分析、使人脑决策过程模型化(或规范化)的新型系统分析方法。

AHP 主要思想是把复杂的问题分解为若干组成因素，再将这些因素按支配关系分组并形成递解层次结构，然后通过两两比较的方式确定层次中诸因素的相对重要性，最后确定决策方案相对重要性的总的排序。AHP 的整个过程体现了人的决策思维的基本特征，即先分解、再判断、最后综合。

AHP 解决问题大体分为如下步骤：第一，建立问题的递阶层次结构；第二，构成两两比较判断矩阵；第三，层次单排序；第四，层次总排序；第五，为了评价层次总排序的计算结果的一致性，计算与单排序相类似的检验量。

AHP 把多目标、多准则而又难以全部量化处理的决策问题化为多层次的单目标问题。它是一种简洁实用的决策方法，也是在确定评估指标权重时最常用的一种方法。

(5)主成分分析法

主成分分析法是多元统计分析的一个分支。该方法首先应用于非随机向量，而后推广到了随机向量。主成分分析法是将分量相关的原随机向量，借助于一个正交变换，转化成分量不相关的新随机向量，并以方差作为信息量的测度，对新信息量进行降维处理，再通过构造适当的价值函数，进一步把低维系统转换成一维系统。

(6)数据包络分析法(DEA)

1978 年，美国著名运筹学家查恩斯(A. Charnes)等人，以相对效率概念为基础，以凸分析和数学规划为工具，创建了一个以他们的名字命名的 DEA 模型。DEA 法不仅可对同一类型各决策单元的相对有效性做出评价与排序，而且还可以进一步分析各决策单元非 DEA 有效的原因及其改进方向，从而为决策者提供重要的管理决策信息。正因如此，DEA 的模型、理论、方法和应用愈发成为当前的一个热门话题。

(7)模糊综合评价法

模糊评价方法奠基于模糊数学。模糊数学是描述、研究、处理具有模糊特征(即模糊概念)事物的数学。由于对评价对象的评价指标体系是由多项评价指标组成，由于评价指标的评价常常带有模糊性，因此，应用模糊数学方法进行综合评价将会取得更好的实际效果。

①单层次模糊综合评判

客观现实中存在众多的模糊性事物和现象，促使人们寻求建立一种适于描述模糊性事物和现象的工具，模糊数学便是在这种形势下应运而生的。模糊综合评判方法是目前应用极其广泛的一种模糊决策方法。所谓“模糊决策”是在合理地分析含有模糊性问题时，使用的一套概念和系统程序，以选择和决定备选方案。

模糊综合评判方法，一般含以下三个步骤：

第一步，对与被评判事物有关的诸因素分别作单因素评价，从而获得评判矩阵 R；

第二步，确定诸因素在被评判事物中的重要性程度，即确定权重 A；

第三步，作模糊变换，B＝A×R，B 即表示评判结果。

该方法比较适于评价事物与多因素有关，且人们对事物的评价往往采用模糊性语言的情况。但它要求评价事物的指标不能太多，应能在同一层次内表示。而车流强制的影响因素较多，很难在同一层次内构建指标体系，因而不宜采用该方法。

②多层次模糊综合评判

对某事物进行评判时，若需考虑的因素很多，且这些因素所处的地位又不一样，则不能在一起进行评判。为此，我们将需考虑的所有因素，按照一定的关系分成不同层次，分别进行逐层的综合评判。这种方法称作多层次模糊综合评判，其方法步骤如下：

第一步，建立层次结构模型，对所评判的问题认真深入地分析，将问题中所包含的因素划分为不同的层次。每一层次均含有互不相同的若干因素，各层次的因素之和即为问题所包含的全部因素。

第二步，由最低层次起，对所包含的因素进行单层次综合评判。所得评判结果作为上一层次模糊关系矩阵(评判矩阵)的一个向量。

第三步，根据本层经专家打分确定的权重向量和由下层评判结果构成的评判矩阵，可获得本层的评判结果，从而作为更上一层评判矩阵的一个向量。

第四步，重复步骤Ⅲ，直至最高一层获得综合评判结果。

第二节　智能车流预测系统的评价指标体系

进行任何一项评价工作，都必须有一定的标准，也就是建立上节所述的评价指标体系，在建立该指标体系前，应先确定评价问题的影响因素。

一、智能车流预测系统的影响因素分析

在铁路运输调度指挥系统中，车流调整工作对于充分利用现有设备、平衡各条干线运输能力，确保枢纽畅通具有极其重要的作用，而车流预测则是车流调整的重要依据，对完成运输生产任务有直接影响。因此，对智

能车流动态预测系统的优劣进行评价是十分重要的。

经分析，与车流预测相关的主要因素有如下几方面。

1. 运输生产质量指标

反映运输生产质量的指标包括运输的连续性、均衡性和经济性。

(1)连续性指标

要使运输生产有好的连续性，就要尽可能地按照列车运行图保证不间断发车。不间断发车体现在两个方面：一是列车运行图实现比例；二是车站货运设备条件。

(2)均衡性指标

铁路运输能力具有不能储存的特点，只有尽可能地均衡运输才能减少能力的损失。均衡性指标包括排空均衡性、装车均衡性和卸车均衡性。

(3)经济性指标

空车的走行和单机的运行都不产生任何效益，是极不经济的。为了完成其他的任务，空车的走行和单机的运行又是不可避免的。从经济的角度看，应尽可能减少空车的走行距离和单机的运行距离。机车使用台数是反映经济性的另一个指标，用最少的机车完成一定的行车量，无疑是最经济的。机车使用台数与机车的停留时间有一定的关系，对同样的行车量，当使用了最少的机车，机车的利用率也一定是高的。

2. 运输生产任务指标

运输生产任务指标包括两类：一类是日班计划中计划完成的装车数、卸车数、排空车数和移交重车数，这是以铁路局下达的轮廓计划作为标准的；另一类是日班计划结束时的各种运用车保有量，其中包括总运用车保有量、空车运用车保有量、管内工作车运用车保有量和移交重车运用车保有量，这是以月度计划规定的日均保有量作为标准的。

3. 运输生产效益指标

运输生产效益指标包括经济效益和社会效益。当前铁路运输业面临着其他运输方式的挑战，铁路运输业本身的体制也在改革之中。在此情况下，增加车流预测的准确性以吸引更多的货流、增加经济效益是铁路运输系统的目标之一。经济效益体现在当前的经济效益和潜在的经济效益上。铁路作为国家的基础设施，国民经济的大动脉，承担着支撑国民经济与社会发展的重要任务。除了承担了大部分煤炭、石油、钢铁等主要品类的重点物资运输外，铁路还承担着抗洪、抢险、支农等紧急重点物资的输送，为国计民生考虑，因此提高铁路运输的社会效益也是铁路运输系统的目标之一。

二、智能车流预测系统的评价指标体系

智能车流预测系统涉及因素众多，而各影响因素所起作用的程度并不相同。为使每一因素在系统评价中充分有效地发挥作用，从而增强评价结果的准确性，有必要建立一个合理可行的影响因素层次结构模型。根据前述分析，可以用递阶层次结构来建立影响因素层次结构模型，即系统的评价指标体系。

用递阶层次结构处理问题时，先要把问题条理化、层次化，从而将复杂问题分解为若干组成部分—元素，将元素按其属性分类成组，形成不同层次。同一层次的元素作为准则对下一层次的某些元素起支配作用，同时又受上层次元素的支配。一般层次划分为最高层、中间层和最低层三类层次。如图 7-1 所示。

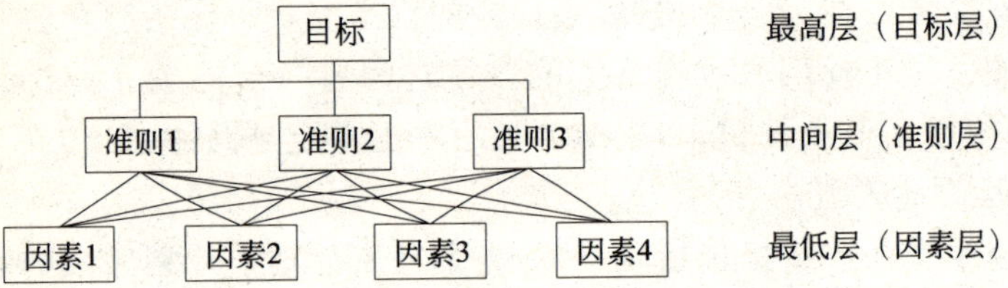

图 7-1　层次结构示意图

最高层：表示解决问题的目的，即分析问题要达到的目标，也称目标层。

中间层：表示为实现预定总目标所涉及的中间环节，一般又可分为策略层、约束层、准则层等若干层次。

最低层：表示为实现目标、解决问题可供选择的各种措施、政策、方案或因素等，也称方案层或因素层。

按性质（属性）和隶属关系对上述影响因素进行分析，可建立如图 7-2 所示的智能车流动态预测系统的评价指标体系。

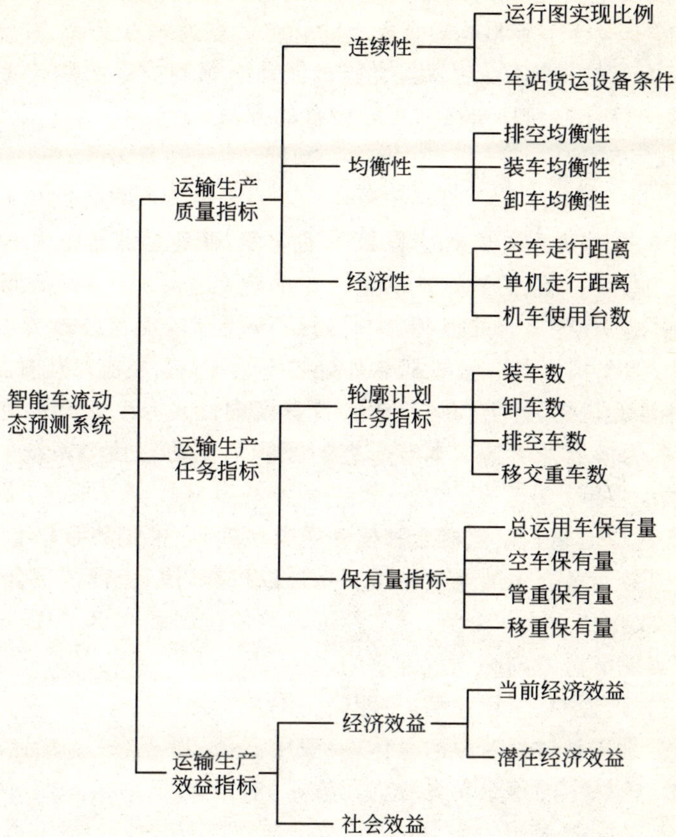

图 7-2　智能车流动态预测系统的评价指标体系

三、智能车流预测系统的评价方法

通过第一节中对评价方法的论述可知，多层次模糊综合评判方法对于智能车流动态预测系统涉及因素众多、因素属性不同的特点而言，是十分适宜的，可初步考虑将其作为评判车流预测方案的计算模型。但其由评价向量构成权重向量的办法对于有明确评语集和相应测算分数的问题较为适用，而车流预测方案的优劣是一个相对的概念，不适用此法求影响因素的权重；对于通过传统专家调查法或德尔斐(Delphi)法由专家直接打分确定影响因素权重的办法，由于其不利于使评分者保持判断思维的一致性，也不适合用于影响因素权重的确定。在这一点上，层次分析法则显示了其固有的优越性。因此，智能车流动态预测方案的判定方法采用多层次模糊综合评判和层次分析相结合的方法。

1. 基本概念

任意一个概念都有它的内涵和外延。一个概念所包含的那些区别于其他概念的全体本质属性称为该概念的内涵；而符合某概念的那些对象的全体则称为该概念的外延。从集合论的观点来说，一个概念的外延就是一个集合。有些概念的外延具有一种不确定性，或者说这个概念的含义是不确切、不清晰的。这种概念外延的不确定性，称之为模糊性。具有模糊性外延的概念，称为模糊概念。具有模糊性现象和模糊概念等性质的事物，称为模糊性事物。本节研究的智能车流动态预测系统的评判就是这种模糊性事物。

为了定量地刻画模糊概念和模糊现象，需引入模糊集合概念，其基本思想是：把普通集合中的绝对隶属关系加以扩充，使元素对“集合”的隶属度由只能取 0 和 1 这两个值，推广到可以取单位区间[0,1]中的任意一数值，从而实现定量地刻画模糊性事物。

为更好地说明、应用模型，先明确一下相关概念。

论域：是指被讨论对象的全体，一般用 $X,Y,U,V,\cdots\cdots$ 表示。

元素：论域中的每个单元称为元素，一般用 $x,y,u,v,\cdots\cdots$ 表示，把 x 属于 X 记为 $x \in X$。

隶属函数：也称为资格函数或从属函数，刻画的是元素从属于集合到不属于集合的渐变过程，亦即隶属度在论域上的分布，一般用 μ_A 来表示。

模糊集：如果论域 U 中的任一元素 u 对 A 的隶属函数 μ_A 在 u 上都对应着一个值 $\mu_A(u)$，且 $\mu_A(u)$ 满足：$0 \leqslant \mu_A(u) \leqslant 1$

即
$$\mu_A(u) \in [0,1]$$

我们则说隶属函数 μ_A 确定了论域 U 上的一个模糊子集 A，或简称模糊集 A，$\mu_A(u)$ 称为 u 对于模糊集 A 的隶属度。$\mu_A(u)$ 的大小反映了 u 对于模糊集 A 的隶属程度，$\mu_A(u)$ 的值越接近 1，表示 u 隶属于 A 的程度越高；$\mu_A(u)$ 的值越接近 0，表示 u 隶属于 A 的程度越低。

截集：论域 U 中对 A 的隶属度不小于入的一切元素组成的普通集

合，叫做 A 的 λ 截集，λ 叫做置信水平，也称为阀值。截集概念是对人脑在处理模糊性问题时常用的截割方法的数学刻画。为把复杂事物简化，人们习惯于对那些在对立或差异的两极之间居中连接的大量中介状态做人为的切分，分为若干等级或类别，其实质就是对模糊集合取截集。如将产品分为正品与次品两类，将企业分为大、中、小三级。按此概念，本节研究的问题可将车流预测方案分为优、中、差三个截集。有了截集概念，行之有效的截割方法就从经验把握的领域进入理论描述的领域，定性的截割提高为以定量分析作依据的截割。模糊学的截割理论是：让模糊事物不加截割地进入数学模型，充分利用中介过渡的信息，通过隶属度的演算规则及模糊变换理论，最后在一个适当的阀值上进行截割，作出非模糊的判决。截集概念在模糊集合与普通集合之间建立起了联系，提供了从模糊集合向普通集合转化的桥梁。利用该理论方法，对车流预测方案经模糊变换得出的综合评判结果通过两个阀值进行截割，从而可以得出各方案的优劣。

下面是按多层次模糊综合评判、层次分析和模糊截集理论相结合的方法确定车流预测方案优劣的计算步骤。

2. 确立论域

(1)确定评判对象集合 V

$$V = \{v_1, v_2, \cdots v_i \cdots, v_m\}$$

式中，v_i 为评判对象，即被评判的各车流预测方案；m 为评判对象数量，即被评判的方案个数。

(2)确定评判因素集合 U

$$U = \{u_1, u_2, \cdots u_i \cdots, u_n\}$$

式中，u_i 为评判因素，即指影响车流预测方案判定的因素；n 为评判因素数量。

3. 确定影响因素权重系数矩阵 $\boldsymbol{C}$

$$\boldsymbol{C} = \{c_1, c_2, \cdots c_i \cdots, c_n\}$$

式中，c_i 为因素 i 的权重系数，表示该单项因素在多因素综合评判中所起作用的大小，显然，$\sum_{i=1}^{n} c_i = 1$。

在模糊综合评判中，因素权重的确定是评价过程的一个关键步骤，根据前面所建立的影响因素层次结构体系，采用层次分析法来确定权重系数。

(1)层次分析法的数学模型

①构造层次分析模型

通过将研究的问题条理化、层次化，建立影响因素的递阶层次结构模型，如图 7-2 所示。

②构造判断矩阵

建立层次结构模型后，问题即转化为层次中排序计算问题。在排序计算中，每一层的排序又可简化为一系列成对因素的两两比较，并根据一定的比率标度将判断定量化，从而形成比较判断矩阵。之后通过计算判断矩阵的最大特征根和它的特征向量，即可计算出某层次因素相对于上一层次中某一因素的相对权重，是为层次单排序。各层排序后，通过求组合加权权重值(即相互层次间权重相乘)，便可得到下一层次因素对上一层次整个层次的组合权值，是为层次总排序。这种成对因素两两比较的度量方法在解决无统一度量尺度的问题上(如确定影响因素权重)有充分的优越性。

判断矩阵元素的值反映了人们对各因素相对重要性的认识，一般采用 1～9 标度法，见表 7-1。

表 7-1　元素重要程度判断值表

标度	含义
1	表示两因素相比，具有同样重要性
3	表示两因素相比，一个因素比另一个因素稍微重要
5	表示两因素相比，一个因素比另一个因素重要
7	表示两因素相比，一个因素比另一个因素明显重要
9	表不两因素相比，一个因索比另一个要素极端重要
2,4,6,8	上述两相邻判断的中间状态值
倒数	因素 i 与 j 比较得判断 b_{ij}，则因素 j 与 i 比较得判断 $b_{ji}=1/b_{ij}$

判断矩阵表示针对上一层某因素本层次与之有关因素之间相对重要性的比较。假定 A 层因素中 a_k 与下一层中 $B_1,B_2,\cdots,B_n$ 有联系，我们构造的判断矩阵一般取如下形式：

a_k	B_1	B_2	…	B_n
B_1	b_{11}	b_{12}	…	b_{1n}
B_2	b_{21}	b_{22}	…	b_{2n}
…	…	…	…	…
B_n	b_{n1}	b_{n2}	…	b_{nn}

式中，$b_{ij} = \dfrac{i\text{元素标度}}{j\text{因素标度}}$

上述判断矩阵只是比较的评分数据，为得出本层各元素对上层某因素的优劣顺序，需计算矩阵的最大特征值 $\lambda_{\max}$ 及其特征向量 $\boldsymbol{W}$，方法有和积法、方根法等。本节运用和积法进行计算。

a. 将判断矩阵每一列正规化

$$\overline{b_{ij}} = \frac{b_{ij}}{\sum_{k=1}^{n} b_{kj}} \qquad i,j = 1,2,\cdots,n \tag{7-1}$$

b. 每一列经正规化后的判断矩阵按行相加

$$\overline{w_i} = \sum_{j=1}^{n} \overline{b_{ij}} \qquad i = 1,2,\cdots,n \tag{7-2}$$

c. 对向量 $\overline{\boldsymbol{W}} = [\overline{w_1},\overline{w_2},\cdots,\overline{w_n}]^T$ 正规化

$$\boldsymbol{W} = \frac{\overline{w_i}}{\sum_{j=1}^{n} \overline{w_j}} \qquad i = 1,2,\cdots,n \tag{7-3}$$

所得到的 $\boldsymbol{W} = [\overline{w_1},\overline{w_2},\cdots,\overline{w_n}]^T$ 即为所求特征向量。

d. 计算判断矩阵最大特征值 $\lambda_{\max}$

$$\lambda_{\max} = \sum_{i=1}^{n} \frac{(A\boldsymbol{W})_i}{n\boldsymbol{W}_i} \tag{7-4}$$

计算所得的特征向量即为本层因素对上一层某因素的优劣顺序，之后各层加权计算（即相关特征向量因素值相乘）即可求出最低层对最高层的相对重要性，也即各因素相对评判目标的权重系数。

③判断矩阵的一致性检验

所谓判断一致性，即判断矩阵 $\boldsymbol{B}$ 有如下关系：$b_{ij} = \dfrac{b_{ik}}{b_{jk}}$

式中，$i,j,k=1,2,\cdots,n$

若判断矩阵具有完全一致性，则 $\lambda_{\max}=n$，其余特征根均为零；若判断矩阵具有满意一致性，则 $\lambda_{\max}$ 稍大于 n，其余特征根均接近于零。由于客观事物的复杂性和人们认识上的多样性，以及可能产生的片面性，要求每个判断矩阵都有完全的一致性显然是不可能的，因此，为了保证得出的结论基本合理，还需要对构造的判断矩阵进行一致性检验。

用来检查决策者判断思维的一致性、度量判断矩阵偏离一致性的指标是 $CI=\dfrac{\lambda_{\max}-n}{n-1}$；为了度量不同阶判断矩阵是否具有满意的一致性，引入判断矩阵的平均随机一致性指标 RI，RI 取值方法如表 7-2 所示：

表 7-2　平均随机一致性指标取值表

n	1	2	3	4	5	6	7	8	9
RI	0.00	0.00	0.58	0.90	1.12	1.24	1.32	1.41	1.45

随机一致性比率 $CR=CI/RI<0.1$（$n\geqslant3$，根据线性代数，阶数小于 3 阶的矩阵均具有满意的一致性，无须检验），即认为判断矩阵具有满意的一致性，否则需调整矩阵至满意为止。

(2)车流预测方案判断影响因素权重的确定

根据前面建立的影响因素层次结构模型，通过专家问卷调查并进行统计处理即可得到各元素相互间重要程度。对各层的特征向量 $\boldsymbol{W}$ 进行加权计算，即可求出最低层对最高层的相对重要性，也即各因素相对评判目标的权重系数。

4. 确定影响因素隶属度，建立因素评判矩阵 $\boldsymbol{R}$

隶属度是模糊集合论应用于实际问题的基石。一个具体的模糊性对象，首先要写出切合实际的隶属函数，才能应用模糊数学方法作具体的定量分析。正确构造隶属函数、计算隶属度，是应用模糊数学方法的关键，也是模糊综合评判方法准确判断车流预测方案优劣的必要条件。

各种影响因素按其量化属性可分为可量化因素和非量化因素，前者可根据因素本身量化值增减与车流预测方案优劣的正(负)相关性，按不同的线性插值法确定相应的隶属度值；后者可视具体情况划分为若干档次。根据专家咨询的结果确定相应的模糊隶属度值。一般约定：某因素隶属度越大，说明该指标反映的车流预测方案越好，反之则越差。经研究分析，确定的影响因素隶属度算法见表 7-3。

表 7-3 车流预测方案的影响因素及相应隶属度确定表

<table>
<tr><th></th><th>影响因素</th><th>隶属度确定方法</th></tr>
<tr><td rowspan="3">运输生产质量指标</td><td>一、连续性
1. 运行图实现比例
2. 车站货运设备条件</td><td>$\frac{x_i - \min x_i}{\max x_i - \min x_i}$ (1)
好 1.0；较好 0.75；一般 0.5；较差 0.25；差 0.0</td></tr>
<tr><td>二、均衡性
3. 排空均衡性
4. 装车均衡性
5. 卸车均衡性</td><td>好 1.0；较好 0.75；一般 0.5；较差 0.25；差 0.0
好 1.0；较好 0.75；一般 0.5；较差 0.25；差 0.0
好 1.0；较好 0.75；一般 0.5；较差 0.25；差 0.0</td></tr>
<tr><td>三、经济性
6. 空车走行距离
7. 单机走行距离
8. 机车使用台数</td><td>$1-\frac{x_i - \min x_i}{\max x_i - \min x_i}$ (2)
同(2)
同(2)</td></tr>
<tr><td rowspan="2">运输生产任务指标</td><td>四、轮廓计划任务指标
9. 装车数
10. 卸车数
11. 排空车数
12. 移交重车数</td><td>
同(1)
同(1)
同(1)
同(1)</td></tr>
<tr><td>五、保有量指标
13. 总运用车保有量
14. 空车保有量
15. 管重保有量
16. 移重保有量</td><td>
同(1)
同(1)
同(1)
同(1)</td></tr>
<tr><td rowspan="2">运输生产效益指标</td><td>六、经济效益
17. 当前经济效益
18. 潜在经济效益</td><td>
好 1.0；较好 0.75；一般 0.5；较差 0.25；差 0.0
好 1.0；较好 0.75；一般 0.5；较差 0.25；差 0.0</td></tr>
<tr><td>七、社会效益</td><td>好 1.0；较好 0.75；一般 0.5；较差 0.25；差 0.0</td></tr>
</table>

注：隶属度计算表达式中各变量含义如下：

x_i ——方案 I 对该项因素的取值；

$\max x_i$——在所评判的方案中，该项因素取值的最大值；

$\min x_i$ ——在所评判的方案中，该项因素取值的最小值。

因素评判矩阵 $\boldsymbol{R}$ 就是影响因素集合 U 与评判对象集合 V 之间的模糊隶属关系，其各元素用因素隶属度 r_{ij}（$i=1,2,\cdots,n;j=1,2,\cdots,m$）表示，即第 i 个因素的评价对于第 j 个评价对象（方案）的隶属度。对于多层次的复合因素，其模糊评判矩阵 $\boldsymbol{R}$ 由最低层的综合评判向量组成。

5. 作模糊变换，计算评价结果，划分截集

根据前面计算的影响因素权重系数矩阵 $\boldsymbol{C}$ 和因素评判矩阵 $\boldsymbol{R}$，可做模糊变换，从而确定综合评判矩阵 $\boldsymbol{P}$。

$$\boldsymbol{P}=\boldsymbol{C}\times\boldsymbol{R}=(c_1,c_2,\cdots,c_n)\times\begin{pmatrix} r_{11} & r_{12} & \cdots & r_{1m} \\ r_{21} & r_{22} & \cdots & r_{2m} \\ \cdots & \cdots & \cdots & \cdots \\ r_{n1} & r_{n2} & \cdots & r_{nm} \end{pmatrix}$$

对经模糊变换得出的 $\boldsymbol{P}$ 按综合分值大小排序，数值越大，方案越优。利用前述截集理论方法，通过确定两个阀值进行截割，从而把方案划分为优、中、差三个集合，这便得到了对于车流预测方案优劣的评判。

参考文献

[1] 马建军. 路网车流动态预测方法的研究[D]. 北京:北方交通大学,1996.

[2] 周克勤. 铁路分局列车日班计划数据自动化处理研究[R]. 铁道部科学研究院研究报告,1983.

[3] 李林山. 用微机编制铁路分局日班计划的研究[D]. 北京:北方交通大学,1991.

[4] 楼指南. 铁路分局调度所管理信息系统的研究[D]. 成都:西南交通大学,1991.

[5] 马美烟. 专家系统及其在分局日班计划编制中的应用[D]. 北京:北方交通大学,1991.

[6] 张济民,施其洲. 两阶段多目标空车调整决策系统分析[J]. 上海铁道学院学报,1990,11(1).

[7] 刘梅林.用电子计算机进行铁路空车调配的探讨[J].铁道运输与经济,1987(6). 21—23.

[8] 马建华. 基本机车周转图的实用优化算法[D]. 成都:西南交通大学,1995.

[9] 袁希东. 边权交通网络流量分配模型及算法[D]. 北京:北方交通大学,1987.

[10] 何世伟. 铁路枢纽作业计划的优化编制一编组站作业计划与枢纽日班计划的模型及算法研究[D]. 成都:西南交通大学,1996.

[11] 张全寿. 铁路编组站站调决策支持系统的研究. 北方交通大学学报,1989(2).

[12] 黄磊. 列车调度专家系统初探一提高产生式系统推理效率的研究[D]. 北京:北方交通大学,1988.

[13] 蔡柏根. 关于建造模拟为基础的列车调度专家系统的探讨[D]. 北京:北方交通大学,1990.

[14] 程宇. 列车运行调整专家系统的研究[D]. 北京:北方交通大学,1991.

[15] 周磊山. 计算机编制列车运行调整计划的理论与方法的研究[D]. 北京:北方交通大学,1994.

[16] 刘军. 铁路编组站作业计划滚动式智能化编制方法的研究[D]. 北京:北方交通大学,1994.

[17] 胡东彦. 编组站班计划专家系统的研究[D]. 北京:北方交通大学,1988.

[18] 林尧瑞等. 专家系统原理与实践[M]. 北京:清华大学出版社,1988.

[19] 魏建华. 铁路编组站编制摘挂调车作业计划专家系统的研究[D]. 北京:北方交通大学,1990.
[20] 褚立文. 工业企业铁路调车作业计划编制专家系统[D]. 北京:北方交通大学,1990.
[21] 史忠植. 智能主体及其应用[M]. 北京:科学出版社,2000.
[22] 毛新军,王怀民,陈火旺等. Agent 计算的能力理论[J]. 计算机研究与发展. 1999,10 .
[23] 杨煜普,黄新民,许晓鸣. 通用部分全局规划方法在多智能体协调控制中的应用[J]. 上海交通大学学报(自然科学版),1999,4.
[24] 俞峥,李建勇. 多智能体在交通控制系统中的应用[J]. 交通运输工程学报,2001,1(1).
[25] 万明. 多智能体运输调度系统协商机制的研究[J]. 计算机工程与设计,2001,22(6).
[26] 杨汉成. Agent 理论及其在水利水电系统中的应用研究[D]. 南京:河海大学,2002.
[27] 杜艳平. 智能路网车流动态预测理论和方法的研究[D]. 北京:中国铁道科学研究院,2005.
[28] 杜艳平. 大规模路网上空车调整方法的研究[J]. 铁路计算机应用,2005,14(8).
[29] 李文权等. 优化空车调配问题[J]. 西南交通大学学报,1998(4):383—386.
[30] 张济民,施其洲. 两阶段多目标空车调整决策支持系统分析[J]. 上海铁道学院学报,1990(1):27—30.
[31] 徐杰. 区段站阶段计划自动编制模型和算法研究[D]. 西南交通大学,2003.
[32] 王慈光. 用表上作业法求解编组站配流问题的研究[J]. 铁道学报,2002,24(4):1—5.
[33] 何世伟. 铁路枢纽作业轮廓计划优化模型及算法[J]. 西南交通大学学报,1995(5):566—572.
[34] 杜艳平等. 大规模路网上空车调整的分阶段优化模型[J]. 铁路运输与经济,2004,26(4).
[35] 杜艳平等. 采用蚁群算法求解铁路空车调整问题[J]. 中国铁道科学,2006,27(2):119—122.
[36] 杜艳平等. 基于 matlab 的混合型蚁群算法求解旅行商问题[J]. 太原科技大学学报,2005,4.
[37] 王熙法,庄镇泉等. 遗传算法与遗传规划[M]. 北京:冶金出版社,1996.

[38] 杜艳平等. 智能车流预测决策支持系统模型的研究[M]. 中国科协第五届学术年会,2004,11.

[39] 杜艳平等. 车站班计划和阶段计划计算机编制方法的研究[J]. 铁路计算机应用,2004,13(7).

[40] 石纯一. 人工智能原理[M]. 北京:清华大学出版社,2000.

[41] 杜艳平. 基于 ACE 的铁路货运资源整合理论和方法的研究[D]. 北京:北京交通大学,2008.

[42] [苏]B. И. 巴利奇等著. 铁路运输调整[M]. 北京:中国铁道出版社,1992.

[43] Pierre J. Dejax, Teodor Gabriel Crainic. A Review of Empty Flows and Fleet Management Models in Freight Transportation. Transportation Science[J], 1987, 21(4): 227—247.

[44] Wooldridge. M, and N. R. Jennings. Intelligent Agents: Theory and Practice [J]. The Knowledge Engineering Review, 199510(2): 115—152.

[45] Sargent P. Back to school for a brand new ABC[J]. The Guardian,. 1992, 3: 28—35.

[46] Muller, J. P. , Wooldridge, M. , Jennings, N. R. Intelligent Agents, Ⅲ, LNAI Volume 1193[M]. Berlin: Springer Press, 1996.

[47] N. R. Jennings, et al. Agent technology: Foundations, Applications, and markets[M]. Heidelberg: Springer-Verlag, 1997.

[48] Rao AS, Georgeff MP.. Modeling rational agents within a BDI-architecture [C]. Proceeding of KR-91, CA: Morgan Kaufmann Publishers, 1991.

[49] Gaspar G. , Coelho H. Where do intentions come from? : A framework for goals and intentions adoption, derivation, and evolution[C]. Proceedings of EPIA'95, Berlin: Springer, 1995.

[50] Tambe. M. Towards flexible teamwork[J]. Journal of AI Research, 1997, 7: 83—124.

[51] K. H. Funk, J. H. Lind. Agent－based pilot-Vehicle Interface: Concept and Prototype[J]. IEEE Trans on Systems, Man and Cybematics. 1992, 22(6): 1309—1322.

[52] N. V. Findle. Distributed Control of Collaborating and Leaning Expert systems for street Traffic Signals[C]. IFAC Distributed Intelligent System. Oxford: Pergamon Press, 1991.

[53] G. Adorni, Apoggl. Route Guidance as a Just-In-Time MultiAgent Task[J]. Applied Artificial Intelligence, 1996,10(2): 95—120.

[54] C. S. Giovanni. MAS-based Route Planning Optimization of Traffic[J]. Artificial Intelligence and Control Engineering, 1996,10(3): 21—25.

[55] Du Yanping. Grading Optimizing Model of Empty Car Distribution on Large Scale Railway Network: Proceedings of ICTE, Southwest Jiaotong University, Chengdu, 2007[C]. , Virginia: ASCE press2007.

[56] Goldberg D. Genetic algorithms in search. Optimization and Machine Learning, Reading[M]. MA: Addison-Wesley, 1989.

[57] Du Yanping. Study on IDSS Model for Wagon Flow Forecast in Railway Network: The proceedings of the China association for science and technology, Tongji University, Shanghai, 2004 [C] Beijing/New York: Science Press,2004.

[58] Du Yanping. Agent-based IDSS Model for Car Flow Forecast in Railway Network: Proceedings of ICICA, University of electronic science and technology of China, Chengdu, 2007[C]. ,SinGapore: World scientific 2007.

[59] Du Yanping. Application of Workflow Technology to Current Dispatching Order System[J]. International Journal of Computer Science and Network Security Application. 2008, 8(3).

[60] Du Yanping. Intelligent Agent-based Expert system Architecture for generating work plan in marshalling station: 2005 international conference on Granular computing, Tsinghua University, Beijing, 2005 [C]. , USA: IEEE press2005.